米國海上法要略　全

ジクゾン著
秋山源蔵
北畠秀雄
共譯

明治十八年發行

米國海上法要略　全

日本立法資料全集　別巻
1196

信山社

米國代書師ジクゾン著
日本法學士判事秋山源藏
日本北畠秀雄共譯

米國海上法要略　全

明治十八年二月發刊

海上

之陰

険於

陸地

明治乙酉一月

孟乃世倪題

緒言

此書ハ西暦千八百五十七年北米合衆國ビルジニヤ州地方裁判所代書師フランシス、ビー、ジクゾン氏ノ著ハシタルモノニシテ原名「ヱブリッジメント、オフ、ゼー、マリータイム」ト題シ今之ヲ米國海上法要畧ト譯ス抑氏カ本書ヲ著ハシタル所以ハ彼ノ海運ノ事業ニ從事スルモノ百貨ヲ船舶ニ搭載シ萬里ノ波濤ヲ航行スル時過誤又ハ變災ニ因リ其船舶ヲ損沒シ鉅額ノ商品ヲ流亾スル事アリ故ニ其賠償ノ責ニ至テハ船長ノ負フ可キアリ或ハ船主ノ任スヘキアリ或ハ船主船長其他荷主ノ共擔ス可キモノアリ或ハ保險者荷主及船主等ノ特擔ニ歸スヘキモノアリテ彼我ノ間其權利義務ノ爭ニ關シ法庭ヲ煩スモノ鮮ナシトセス爲メニ其判例ヲ類別刷出スルノ書籍數十卷アリト雖モ偶マ事端アルノ日此ノ如キ浩瀚ノ書籍ヲ撿討シ其紛爭ノ理非ヲ査辨セント欲スルモ其煩冗實ニ謂フ可ラス於是乎其書中ヨリ正理ニ適シ毎ニ公道ト仰カレ以テ米國ノ法例トモ謂フ可キモノヲ撮要シ問答法ニ倣ヒ之ヲ編輯シ海運ニ關係アル者ノ便ニ供シタルモノナリ茲ニ我邦日ニ月ニ海運ノ事業汪盛ナルニ從ヒ船舶荷主其他保險會社ノ間頻々紛議ヲ釀シ法衙ノ裁斷ヲ請フ者踵ヲ接ス予輩此ニ見ルアリ公務ノ間此書ヲ譯シ以テ僚友ニ頒チ且ツ海上ニ從事スル者ノ參考ト爲シ彼ノ米國海上法ノ一斑ヲ知ラシメハ庶クハ世ニ禆益スルニ幾カラン乎

明治十八年一月

譯　者　誌

米國海上法要畧目錄

共擔損失ノ部

第十項　遭難始末書等ヲ作ル事
第十一項　船舶ノ破壊ヲ避ケントシテ淺瀬ニ乘揚ケタル事
第十二項　水夫其他ノ者ノ給料及給用品ノ事
第十三項　前項ニ同シ
第十四項　前項ニ同シ
第十五項　船舶ノ被リタル損害ノ事
第十六項　帆布、綱具等ヲ截斷スル事
第十七項　檣ヲ取除カン爲メ帆綱ヲ截斷スル事
第十八項　一杯ニ揚ケタル帆布海中ニ飛散スル事
第十九項　本船ノ釣臺ヨリ小艇ヲ拋棄スル事
第二十項　船賃ニ關スル事
第二十一項　船舶相互ニ衝突シタル場合ノ事

共擔損失割合計算法ノ事

特擔損失及分損ノ部

第五十一項　前項ニ同シ
第五十二項　特擔損失ニ屬スル主タル損失ノ事
第五十三項　海難保險ノ爲メ船舶ノ被リタル損所ノ修繕費ハ特擔損失トナル可キ事
第五十四項　保險者ニ於テ負擔ス可キ入費ノ事
第五十五項　前項ニ同シ
第五十六項　前項ニ同シ
第五十七項　水夫ノ給料及飲食料ノ事
第五十八項　船材其他船具ノ新調品ハ總テ價値ノ三分一ヲ扣除スル事
第五十九項　船舶新造ナル時ハ船價ノ三分一ヲ扣除スル事
第六十項　船底ノ板銅ニ付扣除スル事

船賃ノ部

覺書ノ部

委棄ノ部

第百三項　船舶遭難ノ際救助者ナクシテ回復シ能ハサル場合ノ事
第百四項　船舶救助費ノ爲メ差押ヘラレタル場合ノ事
第百五項　船舶海難ニ遇ヒ指定港ニ着シタル後ノ事
第百六項　合衆國ニ於テ委棄ニ關スル一般ノ規則
第百七項　定價半額以內ノ損失ハ全損ト看做事
第百八項　自棄全損ハ保險證書ノ價額ヲ以テ見積ルカ又ハ市價ニ依ル可キカノ事
第百九項　船長ニ於テ修繕ヲ了ヘサル前船舶ヲ委棄スル事
第百十項　一部分ノ修繕ヲ了シタル時ノ事
第百十一項　五割以上ノ損害ヲ計算スル時新調品ニ付三分一ノ扣除法ヲ用ヒサル事

判決

船舶抵當ノ部

第百三十項　船舶及貨物抵當ノ契約ニ關シ保險契約ヲナシ得可キ事

第百三十一項　貨物ヲ抵當トナス可キ船長ノ權力及船長ニ於テ船舶ヲ抵當トナシ得可キ時ハ船賃ヲモ抵當トナシ得可キ事

第百三十二項　船舶ヲ賣却スルモ其前之ヲ抵當ニナシタル契約ハ消滅セサル事

第百三十三項　船舶ヲ抵當トナシタル負債主ノ權利ノ事

第百三十四項　船長ハ船舶及船主一身ノ信用ヲ抵當ニナスヲ得サル事

第百三十五項　船主ニ負債アル者ハ其者ノ船舶ヲ抵當ニ取ルヲ得サル事

衝突ノ部

救助賞金ノ部

第百七十三項　貨物拋棄ノ塲合ニ於テ救助賞金ニ關スル一般ノ規則
第百七十四項　物件ノ拋棄ヲナシ得可キ塲合ノ事
第百七十五項　前項ニ同シ
第百七十六項　物件所有者ノ權利ハ委棄ト共ニ消滅セサル事
第百七十七項　物件救助者ハ其救助品ニ對シ所持權アル事
第百七十八項　救助ヲ得ン爲メ一時物件ヲ放置スルモ其所有權ハ消滅セサル事
第百七十九項　救助者ニ於テ救助シタル物件ヲ一時放置スルモ其所持權ヲ失ハサル事
第百八十項　他ノ救助者ノ事
第百八十一項　貨物救助ノ賞金ヲ訟求スル事

第百八十二項　貨物ノ救助ヲ爲スニ必要ナル勞力ノ事
第百八十三項　乘客ニ於テ救助ヲ爲シタル時賞金ヲ求メ得可キカノ事
第百八十四項　前項ニ同シ
第百八十五項　海員ニシテ救助賞金ヲ求メ得可キ場合ノ事
第百八十六項　二艘ノ船舶救助ノ爲メ同時ニ發シタル時ハ兩船トモ救助者トナス可キ事
第百八十七項　救助ヲ受クル契約ノ事
第百八十八項　航海中遭難ノ船舶ニ出會シタル時ハ船長ハ必ス之ヲ救助ス可キ事
第百八十九項　賞金分與ノ時救助船ニ與フ可キ金高ノ事
第百九十項　賞金拂渡ニ關スル規則

第百九十一項　船賃ニ關スル事
第百九十二項　船長及水夫ノ衣服其他乘客ノ懷中スル金錢ハ賞金ヲ支給ス可キ物件中ニ包含セサル事
第百九十三項　爲換券及其他ノ證券モ亦前項ト同一ナル事
第百九十四項　貨物ノ救助賞金ヲ認求スル事
第百九十五項　救助者ヲ證人トスル事
第百九十六項　全損ト看做シタル時ノ救助費ノ事
第百九十七項　救助損失ノ解釋及其計算方ノ事
第百九十八項　保險者ニ對シ委棄スル事
第百九十九項　（原書ニ此一項脫セリ）

船長及船主ノ部

第二百項　船長ハ船主ノ總理代人ト看做ス事

船長ハ某船ノ船長タル間タノミ船ニ對スル請求ヲ所置スルヲ得可キ事

船長ハ船舶及船賃ニ關スル契約ハ其職權ヲ以テ執行ス可キ義務アル事幷ニ船長ノ臨時施行ス可キ權力ノ事

第二百一項　外國ニ船主ノ代理人アラサル時ハ船長自カラ傭船ヲ爲シヲ得ル事

第二百二項　船長ハ船主ノ利益ヲ計ラン爲メ自カラ積荷ヲ買ブノ權力ナキ事

第二百三項　船長ハ傭船契約ノ義務ヲ船主ニ負ハシムルヲ得サル事

第二百四項　船長ニ於テ船舶ノ需用品ヲ買入ルヽ權力ノ事

第二百五項　船長及船主ノ怠慢ヨリ紛失シタル積荷ニ對シ責任ヲ有スル事

第二百六項　船長ニ於テ食料及水夫ノ備ヘアル傭船契約ヲ爲シタル時船主ハ該契約ニ付責任ナキ事

第二百七項　外國ニ於テ船長船舶ニ修繕ヲ加ユル權力ノ事

第二百八項　「必要ノ修繕」トハ如何ナル者ヲ云フ歟ノ事

第二百九項　船主ノ振出シタル爲換券ノ支拂方ヲ拒マレタル時船長ハ其立換金ノ訟求ヲ船主ニ對シ爲シ得可キ事

第二百十項　船長ニ於テ修繕費ヲ操換ヘタル時ハ該金員ニ對シ船賃ヲ差押ヘ得可キ事

第二百十一項　船長ハ船主ノ爲シタル契約ヲ變更スルヲ得サル

事

第二百十二項　船長ハ自巳ノ用ニ供スル金圓ヲ募集スル爲メ船賃ヲ抵當ト爲シ得サル事

第二百十三項　船主ハ船長ノ所爲ニ付責任アル事

第二百十四項　前項ニ同シ

第二百十五項　船長ハ在職中ノ時間ヲ船務ニ費ヤス可キ義務アル事

第二百十六項　船積ノ貨物ニ關スル船長ノ義務

第二百十七項　上甲板ニアル貨物ニ關スル船長ノ義務

第二百十八項　前項ニ同シ

第二百十九項　前項ニ同シ

第二百二十項　荷揚場ノ所有主ハ荷揚稅ニ對シ船舶ヲ差押ユル

第二百二十八項　船舶遭難ノ際船長ハ都テ其關係人ノ利益トナル計畫ヲ爲ス可キ代理人ト看做ス事

第二百二十九項　船舶遭難ノ際船長ハ都テ關係人ノ爲メ最モ利益トナル所置ヲ爲サヽルヲ得サル規則ノ主意

第二百三十項　止ヲ得サル塲合ニ於テ船長ハ貨物ヲ賣却シ得ル事

第二百三十一項　前項ニ同シ

第二百三十二項　船長ニ於テ貨物ヲ質入スル事

第二百三十三項　船舶ニ修繕ヲ加ユル爲メ貨物ノ一部分ヲ賣却スル事

第二百三十四項　船長ニ於テ船舶ヲ賣却スル事

第二百三十五項　水先人傭入ノ必要ナル事

第二百三十六項　船主ニ對スル船長ノ義務及船長ニ於テ船舶ノ指揮ヲ過リタル時ノ責任ノ事
第二百三十七項　船主ハ隨意ニ船長ノ傭ヲ解キ得ルヤ否ノ事
第二百三十八項　海員及水夫ニ於テ航海ヲ拒ミ得ル場合
第二百三十九項　船中ニ具備ス可キ藥品ノ事
第二百四十項　船長ハ普通ノ運搬者ト同一ノ責任アル事
第二百四十一項　船主船長ニ船舶ヲ貸與ヘ其船ノ進退ニ關係セサル時ハ責任アラサル事
第二百四十二項　「海上危難」トアル文詞ノ解釋方
第二百四十三項　保險者ハ海上危難ヨリ生シタル損失ニ付責任ヲ有スル事
第二百四十四項　鼠害ハ海上危難ト看做ス事

第二百四十五項　虫害ハ海上危難ト看做サヽル事

第二百四十六項　海員僱入證書ニ關スル規則

第二百四十七項　船主ハ海員僱入證書ニ姓名ヲ記載セサルモ海員ノ給料ニ付責任アル事

第二百四十八項　海員ヨリ海事裁判所ニ給料ノ請求ヲ訴ヘタル時ハ船舶ニ係ル他ノ訟求ヨリ先取特權アル事

第二百四十九項　給料ノ爲メ船賃ニ對シ差押權ヲ執行スル方法ノ事

第二百五十項　海員ヨリ船長及船主ニ係ル訴權ノ事

第二百五十一項　船長ハ在職中海員ノ給料ニ付責任ヲ有スル事

第二百五十二項　船主ハ船舶ヲ所有スル間其責任アル事

第二百五十三項　船主ニ於テ船舶ヲ船長ニ貸與ヘ其使用上利益ノ

幾部分ノ分配ヲ得ル時ハ海員ノ給料ニ付責任ヲ有スル事

第二百五十四項　船舶ヲ委棄シタル時保險者ハ海員ノ給料ニ付責任ヲ有スル事

第二百五十五項　船舶ヲ委棄シタル時船長ノ資格ヲ變スル事

第二百五十六項　給料ノ請求ニ付船長ノ有スル訴權ノ事

第二百五十七項　前項ニ同シ

第二百五十八項　船舶事務長ノ事

第二百五十九項　船舶賣却ノ權力ヲ船長ニ與フル場合

第二百六十項　船長ニ於テ航海ノ正路ヨリ航路ヲ變シタル結果ノ事

第二百六十一項　法律上陸運者ト廻漕者トノ區別ナキ事

第二百六十二項　船積ノ不注意ヨリ生スル貨物ノ損害ニ付船長ノ責任
第二百六十三項　「航用ニ適ス」トアル文詞ノ解釋方
第二百六十四項　船舶解纜ノ際航用ニ適ストノ保證ヲ爲サヽルヲ得サル事
第二百六十五項　船舶ハ目的ノ商業ニ使用シ得可キ搆造タル事
第二百六十六項　荷積證書ノ事
第二百六十七項　傭船契約書ノ事
第二百六十八項　傭船契約書ノ箇條ノ事
第二百六十九項　荷積證書ヲ出ス可キ事
第二百七十項　傭船契約ニ關スル雙方ノ權利義務ハ荷積證書ノ場合ト同一ナル歟ノ事

第二百八十二項　航路變更ノ法律上ノ効果
第二百八十三項　航路ヲ隨意ニ變更シ得可キ場合
第二百八十四項　「航海ノ途中某港ニ立寄リ」又ハ「碇泊スル」トアル文詞ノ効果
第二百八十五項　保險證書ニ荷卸港數箇所記載アル時其荷卸順序ノ事
第二百八十六項　「航海變更」ト「航路變更」ノ區別
第二百八十七項　保險證書ニ船積ヲ許サヽル貨物或ハ約束外ニ過分ノ貨物ヲ積込ミタル時ノ結果
第二百八十八項　船舶一旦航路ヲ變シテ再ヒ原路ニ立戻リ其進航中ニ損失ヲ醸スモ保險者ハ責任ヲ有セサル事
第二百八十九項　航海ノ淹滯ハ航路變更ト同一ノ効力アル事

第二百九十項　航海ノ途中港ニ於テ停泊中海員ノ給料ハ拂ハサル事

第二百九十一項　難船ノ塲合ニ於テ海員ハ給料ヲ得ルノ權アル事

米國海上法要畧

北米合衆國代書師フランシス、ビー、ジクゾン　著
日本　判事法學士　秋山源藏
日本　北畠秀雄　共譯

共擔損失ノ事

第一項　共擔損失トハ如何ナル事ヲ謂フ歟
共擔損失トハ共同ノ利益ヲ保護スル爲メ或ル者ノ蒙リタル損害ヲ各自ニ分擔スルヲ謂ナリ
第二項　特擔損失トハ如何ナル事ヲ謂フ歟
特擔損失トハ或ル者ノ蒙リタル損失ヲ獨擔ス可キモノ即如ヘハ錨又ハ船板毀損ノ數ヲ謂ナリ
第三項　拋棄トハ如何ナル事ヲ意味スル歟

船舶危險ナル時之ヲ保護セン爲メ船長ノ擅斷ヲ以テ檣又ハ帆綱ヲ截斷シ或ハ船荷ヲ輕クセン爲メ貨物ヲ投捨スル事ヲ謂フ而テ投捨ヨリ釀ス損失ハ卽チ共擔損失中ニ加フ可キモノナリ

第四項　船舶危險ナル時貨物ノ安全ヲ企圖シ外國港ニ入津スル臨時費ハ共擔損失ナル歟

此臨時費ハ勿論其他倉庫料、船積費モ亦共擔損失ト爲ス

第五項　船舶修復ノ爲メ又ハ淺瀨ニ乘揚ケ之ヲ浮ハシムルニ方リ一時貨物ヲ陸揚スル經費ハ共擔損失ナル歟

然、何則船舶貨物及ヒ運賃ハ皆利害ヲ共ニスルモノニシテ船舶ノ修復ニ依リ貨物ト船賃ヲ保護スレハナリ

第六項　淺瀨ニ乘揚ケタル船舶曳卸費ハ共擔損失ナル歟。

破船、讐敵其他海賊等ノ掄奪ヲ避ケン爲メ指定港ニ非ル頭埠ニ入津シ

船貨ノ一部分ヲ拋棄スルカ又ハ其禍難ヲ避ケントト欲シ船舶淺瀬ニ乘揚ケタル曳卸費及ヒ入津費ハ共擔損失ナリトス

第七項　船舶遭難ノ爲メ指定外ノ港ニ駛航スル水先案內料ハ共擔損失ナル歟

然、

第八項　船底ノ漏水ヲ排除スル爲メ人夫ノ傭入費ハ共擔損失ナル歟

然、

第九項　遭難ノ船舶ヲ港灣ニ曳入ルヽ經費、荷卸費或ハ淺瀬ニ乘揚ケタル船舶ヲ曳卸ス爲メノ傭船其他水先案內人ニ給與ヲ約シタル賃金モ共擔損失ナル歟

然、遭難船ノ錨、綱等ヲ救フ事ニ關スル經費其他難船保護費ノ如キモ亦共擔損失ノ範圍內ナリトス

第十項　船舶遭難ノ時船長ノ爲ス可キ事務ハ如何
船長ハ最モ老練ノ水夫ト事務長トニ協議ヲ盡シ臨機ノ處置ヲ爲サヽル可ラス且航海日誌ニ遭難ノ顛末ヲ記録シ置キ着港ノ上直ニ遭難始末書ヲ作ル可キ責任アリ
第十一項　船舶ノ沈沒又ハ暗礁ニ乘揚ル事ヲ避ケン爲メ淺瀨ニ乘揚ケ船ヲ傷タメテ修理ヲ了シ指定港ニ到着セハ此修復費ヲ共擔損失ト爲ス可キ歟
英米二國ノ法律及其習慣ハ同一ニシテ倶ニ共擔損失ト爲セ𪜈危險ヲ避クル爲メ淺瀨ニ近寄ルヨリ他ニ憂懼ノ尠ナキ場所アルニ是レニ針路ヲ把ラサル爲メ淺瀨ニ乘揚ケタル時ハ共擔損失ト爲スヲ得ス
第十二項　乘込人ノ給料及ヒ飮食料ハ共擔損失ナル歟
船舶遭難ニ際シ安全ノ場所ヲ索メン爲メ針路ヲ轉シタル時ヨリ原航

路ニ復スル迄ノ經費ハ共擔損失ナリトス
第十三項　水夫ヲ月傭トセハ其費用ハ共擔損失ナル歟
然一般ニ共擔損失ト爲ス蓋シ其理由ハ船長ニ於テ船舶碇泊中些細ノ賃銀ヲモ領收セサレハ商品卽チ積荷注意ノ爲メ別段水夫ニ給與ス可キ責任ナカル可シ原來水夫ヲ月傭ニ爲スハ有稀ノ事ニシテ多クハ航海中一ケ月若干ノ割合ヲ以テ傭フヲ通例トセリ
第十四項　船舶危難ニ逢ヒ修復ノ爲メ最近ノ湊港ニ入津シ碇泊中水夫ニ給ス可キ金員アラサルヲ慮ハカリ繫船スルヤ否ヤ水夫ノ傭ヲ解キ更ニ臨時荷卸又ハ荷積人夫トシテ使役シ手當金ヲ給與セリ此費用ハ共擔損失ナル歟
此費用ヲ共擔損失トセス何則船主ハ自費ヲ以テ航海ノ始終水夫ヲ充分ニ船乘セシム可キ義務アリ殊ニ共擔損失負擔者卽チ各荷主ノ船賃

ニ損失又ハ沈沒等ノ恐レアルモ保險會社ヨリ賠償ヲ得ルノ手段アリ故ニ唯船舶修理ノ爲メ一時船貨ヲ陸揚ケスルモ船貨ノ利害ニ毫モ關係ナケレハナリ

第十五項　船舶損傷ノ修復費ハ共擔損失ナル歟

船舶及ヒ貨物ノ安全ヲ企圖シ危急ノ海難ヲ避ケン爲メ檣、帆、綱等ヲ截斷シ又ハ淺瀨ニ乘揚ケ或ハ衝突其他海賊等ヲ遁カレン爲メ錨ヲ捨テタル其修繕費ハ共擔損失ナリトス

第十六項　船舶颶風ニ逢遭シテ水漏ヲ釀シ之ヲ防ク爲メ帆切レ、繩索其他ノ船具ヲ供用セハ其賠償ヲ共擔損失ト爲ス歟

然、船舶ト貨物ノ安全ヲ謀ルニ必要品ナレハナリ加旃假檣又ハ此等ニ類似ノ船具ヲ新調シタル賠償モ亦正當ノ共擔損失トセサル可ラス

第十七項　颶風ノ爲メ折ラレタル檣ヲ取除カント欲シ帆綱ヲ截斷シ

タル損害ハ共擔損失ナル歟

此損害ハ左ノ場合ニ區別アリ

船舶湊港ニ隔絶シ勢ヒ帆綱ヲ截斷スルニ非レハ航海ノ障碍ト爲ルニ因リ止ムナク之ヲ截斷スルモ共擔損失ノ原由ト爲サス然圧若シ船舶湊港ニ接近シ颶風ニ遇ヒ其帆綱ヲ切斷セサルモ着港ニ妨害ナキ場合ト雖他ノ禍害則チ海賊其他颶風等ヲ避ケン爲メ入港ノ迅速ヲ企望シ故ラニ之ヲ截斷シタル時ハ其損害ヲ共擔損失トス但其計算法ハ截斷セサル以前ノ價直ニ準スヘシ

第十八項　逆風ヲ避グル爲メ或ハ海賊其他敵國船ノ追擊ヲ避ケント欲シ一杯ニ懸帆シテ帆布ノ一部分ヲ飛散シタル時ノ損害ハ共擔損失ナル歟

英米二國ノ法律ハ船主ノ負荷ス可キ特擔損失ト爲セ圧普佛二國ニ於

テハ共擔損失ト看做セリ

第十九項　平常甲板上ニ備ヘタル小艇ヲ止ヲ得ス抛棄シタル時ハ共擔損失ナル歟

然而モ過誤ニテ其小艇ヲ船側又ハ船尾ニ懸ケアルカ爲メ事情止ヲ得スシテ抛棄セハ共擔損失ト爲スヲ得ス然リト雖各州ノ習慣モ亦一樣ナラス現ニ費拉地費州ノ如キハ小艇ヲ船側ニ懸ケ置クヲ習慣トス又北士敦府ノ保險會社ハ小艇ノ那處ニ在ルモ異議ナク其賠償ヲ爲セリ其他各州ノ保險會社ハ此等ノ事柄ヲ保險契書中ノ項目ト爲サヽルナリ

第二十項　船舶貨物及ヒ水夫ノ安全ヲ謀ル爲メ淺瀬ニ乘揚ケ破船シタルモ貨物ハ無難ナリ此場合ニ於テ船主ノ損失ニ係ル船賃ハ共擠損失ト爲ス可キ歟

然、
第二十一項　衝突ヨリ生スル損失分割ノ總則ハ如何
兩船ノ過誤ニ非スシテ偶然ノ衝突ヨリ船舶及ヒ貨物ニ損失ヲ醸シタル時ハ特擔損失ナリ而テ此法則ハ羅馬法其他英米二國ノ海上法モ同一ナリト雖衝突ノ爲メ特ニ綱索ヲ截斷シタル時ハ此限ニアラス
第二十二項　撿疫中ノ經費ハ共擔損失ナル歟
或ル航海ニ限ツテ特ニ規定シタル撿疫中ノ經費ハ共擔損失ト爲ス事ヲ得ス何則船長ハ運賃ヲ定ルニ方テ其經費ヲ算入セサルヲ得サレハナリ
第二十三項　火災ヨリ起ル損失ハ共擔損失ナル歟
電、雷又ハ搭載品ノ性質其他偶然ノ原因ヨリ生スル損失ハ特擔損失ナリトス然𪜈消防ノ爲メ檣、帆綱等ヲ截リ捨テ又ハ火災ノ爲メ淺瀨ニ乘

揚ケタル時ノ損害モ亦共擔損失ナリトス
業既ニ火ノ付キタル貨物ヲ消止ル爲メ其貨物ニ水ヲ注キ之ヨリ生スル損害ハ特擔損失ナリ何則該品ノ蒙リシ損害ハ損害ニアラスシテ却テ利益ナレハナリ是ニ由テ之ヲ觀レハ未タ火ノ付カサル貨物ニ水ヲ注キ延燒ノ豫防ヲ爲シ貨物ヲ鼻惡ニシタル損害ハ勿論共擔損失トセサル可ラス

第二十四項　船長ハ航海ノ用ニ供スル爲メ外國ニ於テ募集セシ金員ヲ共擔損失ト爲ス可キ規則ハ如何

船舶航海ノ用度費ニ供スル募集金ノ利金、爲換手形料其他手數料等ヲ他ノ共擔損失ト倶ニ船主及ヒ荷主ニ於テ負擔ス可キ事ハ各國同一ノ規則ナリ故ニ共擔損失ノ性質ヲ有スル費用ヲ仕拂ハントスル募集費モ亦共擔損失ト看做サヽル可ラス

共擔損失割合計算法ノ事

第二十五項　共擔損失割合計算法トハ如何
先ツ請求高ヲ定メ而後各自ノ分擔ス可キ割合ヲ立ツルニアリ

第二十六項　救難ノ犠牲ニ供シタル貨物評價ノ方法ハ如何
救難ノ犠牲ニ供シタル貨物ノ荷主ハ危難ヲ免カレタル貨物ノ荷主ト同一ノ位置ニ恢復セシメサル可ラス

第二十七項　共擔損失ノ割合ヲ負擔スヘキモノハ如何
凡商品ハ如何ナル種類ト何人ニ屬スルトヲ分タス總テ損失ノ割合ヲ負擔ス可キモノナリ抑之ヲ負擔スル所以ハ船舶危難ニ遭ヒ貨物ヲ拋棄シタル主旨ニ非スシテ止タ貨物ヲ安全ニ保護セシ爲ナリ故ニ積載品ノ內ニ若シ實玉、實貨アラハ是亦商品ト看做シ估價ニ准シ共擔損失ノ割合ヲ負擔セサル可ラス

第二十八項　共擔損失分擔ノ計算ヲ爲スニ方リ貨物評價ノ方法ハ如何

荷卸港ニ於テ共擔損失ノ計算ヲ爲スニ方テハ先ツ該港ノ市價ニ依リ貨物ノ評價ヲ爲シ而テ船賃、諸税、荷卸費等ノ雜費ヲ扣除シタル殘額ヲ貨物ノ元價ト看做スハ一般ノ慣例ナリ若シ救難ノ爲メ抛棄シタル物品アラハ前同一ノ方法ニ依テ見積價額ヲ定メテ避難品ノ純價ニ加フ可シ元來共擔損失ヲ負擔ス可キ物品ハ着港シタル時ノ有樣ニ依リ評價シタル價額ニ應シテ損失ノ割合ヲ分擔セサル可ラス故ニ無難ニ到着シタル物品ハ假令損失計算前ニ已ニ蒙リタル損傷ノ爲メ價額ヲ減シタル物品ト雖皆此慣例ニ依ル可シ然氏已ニ損害ヲ蒙リタル物品ノ損傷ヲ増加セシメン爲メ着港前途中ノ港ニ於テ販賣シタル時ハ其賣却代價ヲ以テ共擔損失ノ割合ニ應ス可キ價額ナリトス

第二十九項　共擔損失ノ割合ヲ負荷セシムル爲メ船價評價ノ方法ハ如何

共擔損失ノ割合ヲ負荷スヘキ船舶ノ實價ハ貨物又ハ船具ノ一部分ヲ拋棄シテ海難ヲ免カレタル後ノ船体、檣、帆杠、帆綱其他ノ飮食物代價ヲ合算シタルモノナリ

共擔損失ノ計算法ニ注意ヲ要スヘキモノハ船舶ハ其船主ニ對シ如何ナル效用アルヤヲ視ルニアリ而テ此效用タルヤ船主ニ於テ若シ賣却スルノ念慮ナキモノトセハ船舶購求者ノ多寡ニ依リ一概ニ其效用ヲ增減スルモノニ非ス且之ヲ賣却スルニ方テハ內地ヨリ他國ハ一層廉價ナル事情アルニ付是レ亦船價ヲ容易ニ增減ス可キモノニ非ス是故ニ指定港ニ於テ計算ヲ遂ケタル共擔損失ノ割合ヲ船舶ニ課スル爲メ其船價ヲ評定スルニ方リ該船舶ハ着港當時ノ摸樣ニ依レハ其船主ニ

對シ如何ナル効用アルヤヲ視察スルヲ緊要トス
然圧總テ貨物ハ遭難後價値ヲ減スルニモ拘ハラス罹災當時ノ估價ヲ以テ共擔損失ノ割合ヲ負擔ス可キニ付船價モ亦當時ノ價値ニ依テ其割合ヲ立テサル可ラス是レ海上遭難者ヲシテ同位置ニ爲スノ方法ナリ是ニ由テ之ヲ觀レハ救難ノ爲メ截リ棄タル錨其他船具ノ損失ハ恰モ荷主カ貨物ヲ拋棄セラレタル損失ヲ分擔スルト同一ノ理由ニ因リ之ヲ分擔ス抑モ船價ヲ定ル事ハ至難ナリト雖其評價ヲ爲ス目的ハ常ニ實價ニ近カラン事ヲ程度ト爲ス可シ
船價ヲ定ルニ最良ノ基礎ハ保險證書記載ノ價額ヲ標準トス而レ圧其價額ハ解纜前ノ價額ナルニ付航海ノ仕度費、水夫ノ前拂給料、保險料及ヒ船舶(利益ヲ除キテ)ヲ算入シ若クハ尋常ノ磨損、消損、修繕費其他船賃總額ヲ扣除シテ保險シタルヤ否ヲ詮議スルヲ緊要トス仕度費、飲食料ノ如キモノ、磨損、消損ノ修繕費及ヒ保險料ハ最初ニ扣除ス可キモ其他ノモノハ悉皆船價ニ算入セサル可ラス現ニ紐育府費拉地費府ニ於テハ船價五分ノ四ヲ以テ共擔損失ノ割合ニ爲ス可キ價額トセリ

第三十項　沈沒船評價ノ方法ハ如何

其評價ハ扱錨港ノ估價ニ據ルナリ但海難ニ係ル迄ノ磨損、消損ニ付テハ幾分カ扣除スルヲ至當トス

第三十一項　船具ノ損失ヲ評價スル方法ハ如何

檣、錨、帆等ノ如キ船具ノ損失ニ付テハ一般ニ新調品代價ノ三分一ヲ滅ス何則新調品ハ原品ヨリ高價ナレハナリ

第三十二項　海上ノ危難ニ因リ損害ヲ受ケタル船舶ヲ外國港ニ於テ賣却セサルヲ得サル時ハ此船ノ負擔ス可キ損失ノ割合ヲ計算スルニ

如何ンシテ其船價ヲ定ム可キ歟
其船價ヲ定ルハ現ニ賣却シタル代價ニ據ル可キモノナリ
第三十三項　共擔損失ノ割合ハ那處ノ塲所ニ於テ計算ス可キ歟
船舶ノ指定港又ハ貨物引渡ノ塲所ニ於テ爲ス可キ事ハ各國同一ナリ
若シ航海ノ途中貨物ニ關係アルモノヽ承諾ヲ經ス損失割合ノ精算ヲ爲スモ其關係者ニ責任ヲ負ハシムル事ヲ得ス
第三十四項　船長ハ貨物ノ負擔ス可キ割前金ヲ受取ルカ又ハ其割前金ヲ受取ルニ充分ト思慮ス可キ保證人ナクシテ其貨物ヲ屆先ヘ交付ス可キ義務アル歟
否、荷主ヨリ割前金ヲ受取ルマテ貨物ヲ差押ユル權利アリ
第三十五項　然ラハ船長ニ於テ貨物ヲ差押ヘタル時ハ如何ナル保證書ヲ取テ渡ス可キ歟

通常ノ船舶ハ常ニ許多ノ荷受人アリ故ニ船長ハ此等ニ貨物ヲ交付スル前貨物ノ負擔ス可キ割合ノ辨償ヲ受ク可キ保證書ヲ請求スルヲ慣例トス

第三十六項　若シ船長ニ於テ該保證書ヲ領收セス貨物ヲ各引渡シタル爲メ其貨物ニ課ス可キ損失ノ割合ヲ代償セハ其結果如何

荷主ハ船長ノ代償金ヲ更ニ辨償ス可キ默約アルモノトス

第三十七項　船賃ニ負課ス可キ損失割合ノ方法ハ如何

救難ノ爲メ貨物ヲ抛棄シ或ハ其他ノ物ヲ救難ノ犧牲ニ供シタル時ノ未濟ノ船賃モ亦共擔損失ノ割合ヲ負擔ス可キモノナリ又船長ハ航海ノ竣リニ至リ船價及ヒ船賃ノ純益乃チ水夫ノ給料其他航海諸入費ヲ扣除シタル餘贏ノ金額ニ應シ共擔損失ノ割合ヲ負擔ス

第三十八項　合衆國ニ於テ船賃ニ負課ス可キ割合ヲ定ル慣例ハ如何

船賃ノ總額ヨリ三分一ヲ扣除シ其殘額ヲ割合高ト爲セリ

第三十九項　貨物運搬ノ爲メ船舶ヲ往復間雇ヒタル時歸路ノ貨物ヲ安全ニ廻漕セサレハ出港ノ時搭載シタル物貨ノ船賃ヲ拂ハサルノ約束アラハ其船賃割合ノ方法ハ如何

ウヰルリヤムヨリ倫敦保險會社ニ係ル詞訟ニ於テ英國裁判所ハ遭難ノ船舶、貨物等救難ノ爲ニ施シタル手段ニ依テ船賃モ共ニ其總額ノ損耗ヲ免レタル時ハ其總額ニ共擔損失ノ割合ヲ課ス可キ者ト判定セリ

第四十項　共擔損失ノ割付ヲ爲ス緊要ノ手續及ヒ之ヲ爲ス普通ノ法式ハ如何

共擔損失ノ割付方ハ船舶指定港ニ到着後爲スモノト假定シ左ノ條件ヲ緊要トス

一割付方ニ依テ衡平ヲ得可キ種々ノ損失高ヲ合算スル事

ニ割付ニ加フ可キ各品ノ代價ヲ合算スル事但此計算中ニ抛棄シタル物品ノ全價ヲ加フ可シ然ラサレハ物品ノ所有者ハ其全價ヲ得テ共擔損失ニ付テハ毛釐モ負擔セサル姿ヲナレハナリ以上ノ事項ヲ解セン爲メ左ニ事例ヲ擧ク

譬ヘハポール港ヲ指シ出帆シタル某船ダウンス灘ニ於テ天變ニ遇ヒ帆綱ヲ截斷セサルヲ得サル場合ニ莅ミ突然船舶淺瀬ニ打揚ケラレ止ヲ得ス船長ハ檣ヲ切リ且貨物ノ一部分ヲ抛棄シタル而已ナラス他ノ貨物ニマテ幾分ノ毀損ヲ釀シタリ然氏此抛棄ニ因リ船舶ハ淺瀬ヨリ浮上リ颶風ノ再來ヲ避ケ辛フシテラムスケード港ニ入津ス此場合ニ於テノ損失高ハ左ノ如シ

一金五百弗　抛棄シタル甲者ノ貨物代價

一金貳百弗　抛棄ニ依リ乙者ノ被リタル貨物ノ損害高

一金百　弗　抛棄品ノ船賃
一金貳百弗　新調ノ帆、綱、錨、檣代三百弗ヨリ例規ニ依テ三分一ヲ扣除シタル殘額
一金五拾弗　淺瀬ヨリ船舶曳卸費
一金百　弗　船舶港口出入ノ水先案内料、港稅及ヒ支拂ヲ取扱タル代理人ノ手數料
一金廿五弗　以上數項ニ關係アル諸雜費
一金四　弗　共擔損失割付方ノ勘定費
一金壹　弗　郵便稅
以上計金千百八拾弗ハ損失ノ總額
割前金ヲ出タス可キ貨物ノ原價左ノ如シ
一金五百弗　抛棄シタル甲者ノ物品代價
一金千　弗　船賃及ヒ諸入費ヲ扣除シタル乙者ノ貨物代價
一金五百弗　丙者ノ貨物代價

一金貳千弗　丁者ノ貨物代價
一金五千弗　戊者ノ貨物代價
一金貳千弗　船賃
一金八百弗　船中ノ給料、飲食物等ヲ扣除シタル純粋ノ船賃
以上計金壹萬千八百弗ハ共擔損失ノ割合ヲ負擔ス可キ代價ノ總額
共擔損失ノ割合ヲ視ル比例法ハ壹萬千八百弗ニ付テハ千百八拾弗即チ百ニ付テ拾ノ割合ヲ生ス(1,1800：1,180::100：10.)故ニ此計算法ニ據リ諸品ノ荷主幷ニ船主ハ物品代價ノ一割ヲ損失シタルモノニシテ乃チ甲ハ金五拾弗乙ハ金百弗丙ハ金五拾弗丁ハ金貳百弗戊ハ金五百弗船主ハ金貳百八拾弗總計金千百八拾弗ハ即チ損失ノ總高
以上ノ計算ニ依レハ船主ハ金貳百八拾弗ノ割前金ヲ出ス可キ筈ナルモ船舶ニ付金三百八拾弗ト船賃トヲ合シテ四百八拾弗ノ損失ヲ被リ

アリ故ニ之レト相殺セハ船主ハ却テ受取ル可キ金額貳百弗アリ
甲ハ割前金五拾弗ヲ出ス可キ筈ナリト雖實際貨物ニ五百弗ノ損失ヲ
被リアリ故ニ之レト相殺シ甲ノ受取ル可キ金額ハ四百五拾弗ナリ
乙ハ割前金百弗ヲ出ス可キ筈ナリト雖貨物ニ貳百弗ノ損失ヲ被ル故
ニ之レト相殺シ乙ノ受取ル可キ金額ハ百弗ナリ以上三口ノ合計金七
百五拾弗ハ即チ現ニ受取ル可キ總高ナリ之ニ反シ丙丁戊ハ毫モ貨物
ヲ損失ヲ被ラス因テ支拂フ可キ丙ノ割前金ハ五拾弗丁ハ貳百弗戊ハ
五百弗合計七百五拾弗ハ即チ現ニ支拂フ可キ總高ニシテ此支拂高ハ
現ニ受取ル可キ總高ト一樣ナリ而テ以上ノ割合ニ依テ各々カ受ケ渡
シヲ爲スニ方リ他ニ相當ノ比例法ヲ以テ定ム可キ計算法アル可シト
雖玆ニ述ルヲ必要トセス
前ニ掲ケタル損失高ノ計算中ニ拋棄品ノ船賃ヲ算入シタルハ至當ノ

事ト思料ス何トナレハ該物品ノ船賃ト雖素ト拂フ可キモノニシテ且該品ノ見積代價ハ船賃其他諸雜費ヲ扣除シタルモノナレハナリ

尙簡端ナル一例ヲ左ニ擧示ス

帆船大洋丸ハ新阿蘭爾《ニユーオルレンス》ヨリ紐育マテノ航海中左ノ損害ヲ受ケリ是ニ於テ共擔損失及ヒ特擔損失ノ計算方ハ如何ント云フニ乃チ左ノ如シ

一金千　弗　截斷シタル檣、帆、綱等ノ取換費千五百弗ヨリ例規ニ依テ新調品代價三分ノ一ヲ減シタル高

一金貳百弗　損失シタル錨ノ代價

一金千　弗　拋棄シタル「ラム」酒拾樽ノ代價

一金貳百弗　水先案內料其他ノ諸雜費

以上合計貳千四百弗ハ共擔損失ノ總額ナリ

船積シタル砂糖ハ八拾叺ノ內貳拾叺ハ全損シテ六拾叺ハ着荷セリ然𪜈其內瑕瓊ナキ砂糖ハ僅カニ拾叺ニ過キス但壹叺代價ハ百貳拾弗ナ

ルニ付拾叺ノ代價ハ卽チ千貳百弗ナリ
船舶貨物ノ代價及ヒ船賃
一金貳萬貳千弗　大洋丸ノ代價
一金參萬四千弗　貨物ノ原價
一金九千八百弗　船賃ノ總額壹萬弗ヨリ荷揚費貳百弗ヲ扣除シタル高
以上合計六萬五千八百弗ナリ
共擔損失ノ割合ヲ視ル比例法ハ左ノ如シ
六萬五千八百弗ニ付テハ貳千四百弗卽チ百弗ニ付三弗六拾五仙ノ割合ナリ($65,800：$2,400：：100：$3,65)
又特擔損失ノ割合ヲ視ル比例法ハ左ノ如シ
砂糖八拾叺ノ代價九千六百弗ナルニ付其比例法ハ九千六百弗ニ付テハ千貳百弗卽チ百弗ニ付拾貳弗五拾仙ノ割合ナリ

是ニ由テ之ヲ觀レハ保險會社ハ六萬五千八百弗ノ共擔損失高ニ付百弗ニ三弗六拾五仙ノ割合又九千六百弗ノ特擔損失高ニ付百弗ニ貳拾弗五拾仙ノ割合ニテ支拂フ可キモノナリ

前二樣ノ計算方ハ仲間申合規則ニ據リ爲シタルモノト知ル可シ

第四十一項　外國港ニ於テ共擔損失割合ノ計算法ハ如何

外國ノ法律ニ因テ公平ニ制定シタル共擔損失割合ノ計算法ハ假令自國ノ規則ト殊ナルモ有効ノモノト爲サヽル可ラス

第四十二項　共擔損失ニ關シ保險者ノ責任ハ如何ナルモノト了解シテ可ナラン歟

各國ノ法律其他保險契約證書ニ依レハ保險者ハ被保險者ニ對シ共擔損失ノ割前金ヲ賠償セサル可カラサルモノト爲セリ然𪜈或ル國ニ於テハ幾割以上ノ損失アルニ非レハ保險者ニ其義務ヲ負ハシメスト雖

合衆國ハ其損失ノ多寡ヲ論セス一般ニ其義務アルモノトセリ
第四十三項　保險者ハ唯保險ノ品代價ノミヲ賠償スル責任アル歟
共擔損失割合ノ計算ヲ爲スニ方リ荷卸港ノ市價ヨリ船賃及ヒ陸揚費ヲ扣除シタル物價ニ依テ割合ヲ定ムナリ若シ其價値保險證書ノ代價付ヨリ低下ナルモ被保險者ハ實際支拂タル割合高ノ外ハ保險者ニ對シ賠償ヲ需ル事ヲ得ス然トモ市價騰貴ノ爲メ該價値保險證書ノ代價付ニ超過スル損失割合金ヲ拂フモ尚剩餘アレハ是レ即チ被保險者ノ利益ニシテ保險者ハ之ニ依テ保險料ヲ受取ルニ付共擔損失ヲ賠償ス可キ義務ナシトス
第四十四項　保險者ハ錯誤ヨリ生スル損失割合金ニ付テ賠償ノ責任アル歟
否、物品ノ元價ニ依テ共擔損失ノ割合高ヲ定ル時ハ其保險料及ヒ假定ノ利潤ヲ必ス扣除セサル可カラス若シ被保險者自カラ誤テ當然支拂フ可キ割合金ヨリ餘分ノ高ヲ拂タル時ハ其損失ヲ保險者ヨリ賠償スル限ニ非ス

特擔損失及ヒ分損ノ事

第四十五項　特擔損失ハ何人ノ負擔ナル歟

特擔損失ハ損害ヲ被リタル者或ハ特ニ經費ヲ要シタル物件ノ持主ニ於テ負擔ス可キ者ナリ

第四十六項　特擔損失ト分損ノ區別ハ如何

特擔損失トハ海上ニテ貨物ヲ損壞シ價値ヲ減シタル損失ヲ計算スル方法ヲ云ヒ分損トハ保險品一部分ノ全損ヲ謂ナリ

第四十七項　特擔損失ヲ計算スルニ善良ノ方法ハ如何

貨物ニ瑕瑾ナキ時ノ市價ト破損シタル時ノ市價トヲ比較シ而テ海上

ノ破損ニ由リ減少シタル價額ヲ定ムナリ又其損失ノ賠償金ヲ視ンニハ出帆港ノ市價又ハ積荷目錄ノ代價付幷ニ保險料其他手數料ヲ精算ノ基礎ト爲ス可シ

第四十八項　保險料ハ物價ノ一部分ト看做ス可キ歟

然

第四十九項　分損ノ計算法ハ如何

分損トハ搭載シタル保險品ノ一部分全滅スルヲ謂ナリ例ヘハ保險付ノ砂糖貳拾叺ノ內壹叺全滅セハ是レ乃チ分損ナリ而テ此砂糖ノ損失賠償ハ原價又ハ保險契約證書ノ代價付ニ依リ拂フモノトス何者其砂糖ハ指定港ニ到達セサルカ爲メ參考トナル可キ荷卸港ノ市價ニ據ル事ヲ得サル而已ナラス元來其市價ハ損害ノ輕重ヲ定ルノ參照ト爲ルモノニアラサレハナリ

若シ保險品全部ノ全損アラハ其一部分ノ全損ト同一ノ方法ニ依テ賠償高ヲ定ム可シ
第五十項　分損ト特擔損失ト共ニ同一ノ物件ヨリ生シタル時ノ計算法ハ如何
雙方ヲ各別ニ計算スルヲ以テ正當ナル慣例ト爲セリ
第五十一項　船舶ノ特擔損失又ハ其分損ノ計算方ハ如何
其方法ハ新材ノ購求價額ト舊材ノ見積價額トヲ合算シタル金員ヲ修復費ノ總額ヨリ扣除シ而テ其殘額ヨリ新舊品差引法ニ依リ新材ノ價額三分一ヲ扣除ス可シ(第三十一項第五十八項第六十五項參觀ス可シ)
第五十二項　特擔損失又ハ分損ニ當然屬ス可キ主タル損失ハ如何
强風ノ爲メ飛散シタル帆布ハ特擔損失ナリト雖帆及ヒ風力ノ强弱ヲ論窮セサル可ラス何則帆質ニ由リ自然ニ飛散スルハ航海中往々アレ

ハナリ相當ノ場所ニ在ル帆綱等ヲ暴風、怒濤ノ爲メ散逸シタル時モ亦特擔損失ナリトス但不適當ノ場所ニ在テ散逸セハ此限ニ非ス檣又ハ檣ノ横木若クハ船板ヲ損壞シ其他船体ノ變狀ヲ來シ其價値ヲ非常ニ減少スルカ如キ損害ハ特擔損失ニ屬ス可キモノニ非ス

船尾ニ懸ケアル小艇ノ損失ニ付曾テ馬渙朱些撕州ニ於テ其小艇ハ「シップ」ナル語ニ包含スルヤ否ノ事ニ關シテ詞訟ノ起リタル事アリ當時小艇ヲ舳ニ据置ハ習慣ニシテ且安全ノ策ナリヤ將タ適當ナルヤ否ノ訴點ニ關シ證人ノ申陳各々符合セス然𪜈各證人申陳ノ大主意ニ至テハ小艇ヲ舳ニ置クハ敢テ危難ヲ增重ス可キ處置ニ非ス故ニ其小艇ハ保險契約書中ノ「シップ」ノ付屬品トシテ「シップ」中ニ包含スルモノトナシ特擔損失中ニ入ラサルモノト判定セラレタリ

船底ノ骨材ヲ損壞シ又ハ偶然淺瀨ニ乘揚ケ若クハ雷、火災、衝突等ニ依

リ受ケタル船舶ノ損害ハ故意ニ非スシテ全ク保險アル海難ヨリ生シタル損失ナル時ハ總テ共擔損失ニ屬シ特擔損失ヲ以テ論ス可キモノニ非ス

第五十三項　保險アル海難ヨリ船舶ノ被リタル損所ノ修繕費ハ特擔損失ナル歟

然、假令其損所ハ船舶自然ノ老朽又ハ使用上自然ノ衰頽ヨリ釀シタルモ其修繕費ハ特擔損失ナリトス但其船舶ハ解纜前航海ニ適スルモノニ限ル可シ而テ其航海ニ適スル事ハ元來要償ヲ得ル要件ナルニ付其證明ヲ爲ス責任ハ被保險者ニ在リ故ニ被保險者ハ解纜前船舶ノ堅牢且完全ナリシ事ノ證據ヲ示メサハ損害要償ノ請求ヲ擯斥ス可ラス何者損害ノ原因ハ保險アル海難ニシテ船舶自然ノ老朽ト使用上ノ衰頽ハ單ニ助因ナレハナリ

第五十四項　船舶ノ修繕ヲ要スル場所ニテ補理シタル經費ハ保險者ノ負擔ナル歟

然、何者此修繕ヲ爲スト否トハ保險者ノ利害ニ關係アレハナリ

第五十五項　特擔損失ヲ生セシニ付其資金募集ニ費ヤシタル臨時費ハ保險者ノ支辨ナル歟

該費用ハ保險者ニ於テ負擔ス可キ損失高ノ割合ニ應シ支辨セシメサル可ラス

第五十六項　船舶及ヒ其付屬品ノ損傷ヲ補理セシムルニ付保險者ノ責任ハ孰レヲ程度ト爲ス可キ歟

保險者ノ責任ハ船舶ノ前ニ裝置シタル摸樣ニ修復スルヲ以テ程度ト爲ス

第五十七項　船舶修繕ノ爲メ碇泊中水夫ノ給料及ヒ飮食料ハ特擔損

失ナル歟
船舶修繕ノ爲メ水夫ヲ使役シタル時ハ其經費ヲ特擔損失ト爲スト雖之ニ反對スル數個ノ判例アリ現ニ馬渡朱些斯州ニ於テ保險シタル海難ヨリ起ル損害ヲ修復スルニ付水夫ヲ使役シタル經費ヲ保險者ノ負擔トセリ
第五十八項　船材及ヒ其他ノ船具ヲ新調シタルニ付其修復ノ勞力並ニ其用材費ノ幾部分ハ被保險者ニ於テ負擔ス可キモノ歟
被保險者ハ修復ノ勞力并ニ用材費ノ三分一ヲ負擔セサル可カラス而テ之ヲ新舊品差引法ト云フ又被保險者ハ其三分ノ二ヲ負擔ス可キモノナリ
第五十九項　船舶全ク新造ナルカ(譬ヘハ初航海)又ハ救難ニ供シタル船具全ク新設ナル時ハ其新調品及ヒ勞力費ヨリ三分一ノ扣除ヲ爲ス

可キ歟

合衆國ニ於テハ新造船ニ付三分一ヲ扣除ス可キ例外法ナシ然ㇾ𪜈從來此ノ如キ船舶ノ取扱ヲ見ルニ其差引法ハ古ルキ船舶ト毫モ異ナラサルナリ

第六十項　船底ノ板銅修繕費ハ扣除ス可キ歟

合衆國保險會社中ノ最モ老練且卓識アル船主ノ管理スル會社ニ在テハ左ノ規則ヲ設ケアリ卽チ初年ハ扣除法ナクシテ翌年ヨリ滿五ケ年マテ一ケ年每ニ五分一ノ割合ヲ以テ扣除法設ケアリト雖六年目ヨリハ其修復費ヲ償ハス故ニ此ノ如ク船底板銅使用法ハ全ク六十ケ月ノモノト爲セリ

第六十一項　鏈鋼ノ修復費ハ扣除ス可キ歟

鏈鋼修復費ハ他ノ鉄具ト同シク三分一ヲ扣除ス然ㇾ𪜈往時ハ各保險會

社ニ於テ鏈鋼ノ使用ヲ奬勵セシムル爲メ此扣除法ヲ用ヒサリキ
第六十二項　新錨ヲ再設スル經費ハ扣除ス可キモノ歟否、
第六十三項　扣除ヲ爲ス可キモノヲ修繕費ノミトセハ如何ナル經費ヲ修繕費中ニ屬ス可キ歟
北士敦府ニ於テ特擔損失ヲ精算スル慣例ハ啻タニ船材及ヒ勞力費ノ三分一ヲ扣除スル而已ナラス船渠料、海中鉄路使用費其他碇泊場ヨリ船渠ニ船舶曳入費ノ如キ臨時費モ亦三分一ヲ扣除セリ而テ此慣例ハ實際嘉ミス可キモノト謂フ可シ
第六十四項　立替金ヲ爲シタル代人又ハ船舶ノ修復其他艤裝ノ事務ヲ執リタル代人ノ口錢ハ扣除ス可キ歟
此經費ハ全ク特擔損失ニ附帶スルニ付素ヨリ扣除法ニ依ル可キモノ

ナリ
第六十五項　船舶ノ舊材賣却金ハ新材代價ニ付三分一ヲ扣除スル前ニ扣除ス可キヤ果タ後ニ爲ス可キ歟
新材ノ購求金ト舊材賣却金ヲ合筭シタル合額ヨリ三分一ヲ扣除スルヲ正規トス
第六十六項　保險者ハ保險物全價ノ保險價額ニ對スル割合ト同一ノ比例ニテ全損ヲ賠償ス可キ歟
保險者ニ於テ保險物全價ノ半額又ハ四分ノ一ヲ以テ保險價額ト爲シタル時ハ其割合ヲ以テ修復費ヲ賠償ス可シ
第六十七項　船舶航海ノ當初二千弗ノ價値アルニ保險者ハ不定價保險契約證書（不定價保險證書トハ證書中ニ船價ヲ記載セサルモノヲ云フ）ヲ以テ之ヲ千弗ニ保險セリ而テ航海中尋常ノ磨損、消損、衰壞其他飮食料ノ消費ヨリ五百弗ノ分損

ヲ醸シ現ニ船價ハ千五百弗ニ減少シタリ玆ニ於テ保險者ハ此損失ノ
五割乃至六割六分六厘ヲ賠償ス可キ歟

慣例ニ據レハ保險者ハ五割ヲ賠償ス可キモノナリ而テ此分損ノ計筭
ヲ爲スハ航海ヲ爲ス當初ノ船價ヲ標準トセサル可ラス抑此計算法ハ
定價保險契約證書ナルモ其結果不定價保險契約證書ノ主意ト同一ナ
リ故ニ船舶航海ヲ爲ス當初ノ價値ヨリ低價ニテ保險シタル時ハ修繕
費ノ特擔損失ニ關シ常ニ保險者ノ不利益トナルナリ

第六十八項　船舶及ヒ貨物救助費ノ損失分擔計算法ノ總則ハ如何

一般ニ行ハル規則ハ保險者ニ於テ全損ヲ償ヒ而テ物件賣拂代價ヲ我
カ所有ト爲スニ在リ

抑モ救助損失トハ船舶海難ニ遭フタル時船舶及ヒ貨物救助ノ努力ナ
カリセハ全損ニ歸ス可シト看做ス可キ損失ヲ謂フ而テ該救助ノ爲メ

消費シタル諸入用ヲ救助費ト云ヒ救助シタル物件ヲ救助物ト謂フ復タ救助費ヲ扣除シタル救助物ノ價額ト其物件原價トノ差ハ即チ救助損失ト稱ス可キモノナリ

船賃ノ事

第六十九項　船賃ノ特擔損失及ヒ其分損ハ如何ナル塲合ニ生スル歟」航海中船舶損壞シ指定港ニ到達スル事能ハス他船ヲ傭入レ積荷ヲ指定港ニ運搬シテ其船賃ヲ得ント欲シタル塲合ニ船賃ノ特擔損失又ハ其分損ヲ生スルモノナリ

第七十項　積荷ノ一部分損滅シタルカ爲メ船舶ハ其貨物ニ係ル船賃ヲ得サリキ此損失ハ特擔損失ナル歟

然、損滅シタル貨物假令腐敗シ易キ性質ニシテ尋常ノ貨物ヨリ一層注意ヲ要ス可キ物件ナルモ其損失ノ責任ハ毫モ異ナル事ナシ即如ハ海

水ノ為メ損シタル煙艸是ナリ

第七十一項　保險アル海難ノ為メ特ニ割引ノ船賃ナラテハ得ラレサル時船賃ノ分損ト為ス歟

然、

第七十二項　船賃ノ保險アル船舶指定港ニ達スルヲ得スシテ途中迄荷物ヲ運搬シタル航路ノ里程ニ應シテ割引ノ船賃ノミヲ得サル時ハ此損失ノ計算法ハ如何

此損失ノ計算法ハ積載ノ荷物ヲ停航ノ場所ヨリ指定港迄運搬スル現費若クハ見積費ヲ船賃ノ總額ヨリ扣除スルモノナリ

第七十三項　船長及ヒ事務長ハ海上ニ於テ物品ノ性質ヨリ醸ス腐敗又ハ其他ノ原由アリテ其儘運搬セハ價値ヲ落ス而已ナラス恐ラクハ價ノ皆無ニ歸セン事ヲ察シ途中ノ港ニ於テ之ヲ販賣セハ此物品ニ就

テ拂フ可キ船賃ハ如何ナル合割ナル歟
指定港ニ到達スル迄ノ全船賃ヲ其荷主ニ支辨セシム可キモノナリ但船長ニ於テ怠慢又ハ過失ナク相當時間ニ其物品ヲ運送シ得タル場合ニ限ル可シ

第七十四項　船舶ノ修復或ハ其他ノ事故ニ依リ避ク可カラサル延滯ニ原因シ船長ハ再航海ノ准備ヲ爲ス迄積荷ヲ保護セス之ヲ荷問屋ニ交付セシ爲メ此ヨリ起ル船賃ノ損失ハ特擔損失トス可キ理由アル歟

否、何者船長ハ再航海ヲ爲ス迄自ラ積荷保護ノ責任アルニ之ヲ爲サヽレハ夫レヨリ生スル損失ハ航海ノ延滯ヲ起セシ海難上ノ損失ト謂フ可ラス故ニ此船賃ノ損失ハ特擔損失ト爲ス可キ理由ナキモノナリ

第七十五項　航海ノ延滯譬ヘハ二ケ月間補拿ノ如キハ空シク給料其他飮食料等ヲ消費スルニ付此場合ニ於テ船賃ヲ特擔損失ト爲スヲ得

可キ歟

否、

「メモランダム」（覺書）ノ事

第七十六項 「メモランダム」トハ如何ナル事ヲ謂フ歟

保險者カ特擔損失トシテ賠償ノ責ヲ負ハサル物件ヲ保險證書中ニ保險ノ例外物ト爲シ列記スル事ヲ謂ナリ抑此事ハ數年前ヨリ由來シタルモノニシテ保險契約書中ニ「メモランダム」又ハ「ノーテス、ビロウ」（末項注意ス可）ト題シ別項ト爲ス故ニ保險例外物ノ目錄書ヲ指シテ「メモランダム」ト云ヒ其目錄ニ掲載スル物品ヲ「メモランダム」ノ物件ト謂フナリ

第七十七項 北士敦府ニ於テ保險ノ例外物ハ如何ナルモノヲ謂フ歟

同府ノ保險會社ハ砂糖、亞麻、麵包、烟草其他穀類ニ付七分以下ノ分損ハ辨償セサルナリ

第七十八項　紐育府ニ於テハ如何

同府ノ保險會社ハ痲ハ二割、嚢入ノ喫啡及ヒ胡椒ハ一割其他砂糖、亞痲、麵包ニ就テハ七分以下ノ分損ヲ辨償セサルモノトセリ

第七十九項　覇地摩府ニ於テハ如何

同府ノ保險會社ハ嚢入ノ喫啡ニ付一割以下ノ分損ヲ辨償セス然圧保險契約證書ニ之レト均シク嚢包ノ椰子モ亦保險ノ例外物トナス事アリ

第八十項　查札斯頓府ニ於テハ如何

同府ノ保險會社中或ル社ノ保險契約書ニ砂糖、喫啡、椰子、痲、亞痲、麵包、皮革其他烟草ニ付七分以下ノ分損ヲ辨償セス而シテ嚢包ニシタル喫啡、椰子、耶痲、依加椒其他東西印度ノ物品ハ皆一割以下ノ分損ヲ辨償セサルナリ

第八十一項　費拉地費府ニ於テハ如何

同府ノ保險契約證書ハ五分以下ノ分損ニ付例外法ヲ設ケタル外別ニ分損負擔ノ例外物ハ非ルナリ

第八十二項「メモランタム」ノ主意ハ如何

航海中消耗、腐敗、損壞シ易キ物品其他小包ニシテ高價ノ品ヲ單ニ貨物ノ總稱ヲ以テ保險セハ保險會社ハ往々豫算外ノ損失ヲ償フ可キ恐レアリ故ニ「メモランダム」ノ方法ヲ設ケ其損害ヲ防禦スル主意ナリ

第八十三項　保險者ハ如何ニ僅少ノ分損ナリト雖辨償ス可キ義務アル歟

紐育府ノ保險者ハ保險契約證書ノ末項ノ覺書ニ五分以下ノ分損ハ負擔セサル旨ヲ記セリ抑モ之ヲ掲載スル所以ハ些細ノ分損ヲ後日辨償スルノ煩雜ヲ避クルニ在リ然圧共擔損失ニ至テハ如何ニ少額ナルモ

必ス賠償ヲナサヽルヲ得ス

第八十四項　保險契約證書ニ共擔損失ニ非レハ損失ヲ擔當セストアル文詞ノ解釋方ハ如何

此文詞ニ依レハ保險者ハ保險物ノ一部分全ク沈沒シタル時其一部分ノ全損ヲ賠償スル責アリトス然圧唯海難ノ爲メ損傷ヲ被リナハ其分損ヲ賠償スル責ナシトス

此例外法ハ保險物ノ腐敗シ易キ性質ヨリ生シタル特擔損失ニ付保險者ヲシテ賠償ノ責ヲ免カラシメス加之物品ノ全損ハ全ク其性質ト保險ノ海難トニ起因スルモ賠償ノ責ハ到底免カル可ラス

第八十五項　共擔損失ニ非レハナル語ノ意味ハ如何

保險者ハ如何ナル塲合ト雖共擔損失ハ金額ノ多寡ニ拘ラス賠償ス可キモノトス

第八十六項　船舶淺瀨ニ乘揚ケタリトノ意味ハ如何

保險契約書ニ船舶淺瀨ニ乘揚ケタル時トアルハ乃チ船舶烈風怒濤ノ爲メ海岸ニ打揚ケラレ又ハ衝突其他ノ危難ヲ避ケントシ止ヲ得ス淺瀨ニ乘揚ケタル事ヲ謂ナリ

第八十七項　倉敷料、積荷費其他物品救助費ニ關スル規則ハ如何

特擔損失ナル語ニ付保險者普通ノ解釋ハ船舶及ヒ貨物ヲ救護スル爲ニ係リタル特別費ヲ包含セサルモノトス即如ヘハ航海ノ途中一時某港ニ貨物ヲ陸揚スル倉敷料ハ止タ貨物ニ課ス可キ特別費ナリ又荷卸費ノ如キハ船賃ヲ以テ支辨ス可キ特別費トス故ニ此等ノ費用ハ如何ニ些細ノ金額ナルモ特擔損失外ニ保險者ヨリ賠償ス可キモノナリ是故ニ特別費ハ特擔損失ノ割合卽チ五分ナルヤ否ヲ定ルニ當リ其損失中ニ算加スルヲ得サルノミナラス保險者ニ於テモ亦特擔損失ノミヲ

以テ規定ノ割合卽チ五分ニ達スルニ非レハ其損失ヲ賠償スル義務ナシトス是ニ由テ之ヲ觀レハ共擔損失ノ特擔損失ヲ合算シテ五分以上ニ達スルモ保險者ハ其損失ヲ賠償スルノ責ナキヿ明瞭ナリ

第八十八項　連續ノ損失ヲ合算シテ其割合ヲ定メ以テ保險者ニ其損失ヲ賠償セシムル事ヲ得ル歟

保險會社一般ノ定說ニ依レハ各損害ヲ一個每ニ計算シテ其規定ノ割合ヲ立テ保險者ニ其損失ヲ賠償セシムルカ如シ

第八十九項　撿查、證明書其他遭難始末書ノ手數料ハ損失ノ割合ヲ定ルニ付算入ス可キ歟

此疑點ニ付テハ衆說區々ナリト雖蓋シ其費用ハ合算スル者ノ如シ然氏此疑問ハ姑ク措キ或ル保險證書ニ於テハ損失ヲ證明スル爲メ費用セシ經費卽チ本問ノ如キ經費ヲ除キ獨リ特擔損失ノミヲ以テ規定ノ

割合ニ充タサレハ保険者ハ其辨償ノ責ヲ負サル旨ヲ掲載セリ而テ此保険證書ノ書式ハ千八百二十五年北士敦府ニテ一時行レタル事アリ

委棄ノ事

第九十項　保険證書中ノ委棄トハ如何ナル解釋ヲ要ス可キ歟
委棄トハ被保険者ニ於テ保険物ヲ拋棄シ其所有權ヲ保険者ニ移ス事ヲ云フ之ヲ換言セハ保険物ノ損失シタル時被保険者ハ其殘餘ヲ保険者ニ任カセテ保険品全部ノ償金ヲ求ルヲ謂ナリ

第九十一項　保険品ノ委棄權ヲ組成スルニ必要ノ事項ハ如何ナルモノ歟
委棄權ノ生スル場合トハ被保険者ニ於テ被保険物ヨリ利益ヲ得ルノ目的ヲ失フタル時ニシテ物件全滅ノ場合ト同一ノ不利益ヲ生スル時ニ限ルナリ例ヘハ船舶航海シ能ハサル時又ハ救助賞金其他許多ノ費

用ヲ要シ到底航海ヲ遂クルモ裨益ナキ時若クハ被保險者ニ於テ此等ノ費用ヲ支辦スル資力ナキカ又ハ以上ニ均シキ事情アラハ保險物ヲ委棄スル事ヲ得

第九十二項　保險證書中ノ全損ナル語ノ意義ハ如何

保險物ノ全損トハ保險アル海難ニ罹リ物件ヲ滅盡スルカ或ハ毀損シテ價値ヲ失ヒ若クハ掠奪其他船舶沈没等ノ爲メ航海ノ目途ヲ失シタルヲ謂ナリ

第九十三項　自棄全損トハ如何

自棄全損トハ保險物海上危難ノ爲ニ損害ヲ受ルモ其全体滅盡セサル時或ハ數個ノ物件中若干ヲ海難ノ爲メ損失スルモ其殘餘ハ尚現存シテ損滅ニ歸セサル時被保險者ハ殘餘ノ物件ヲ受取ルヲ不利益ト思料セハ委棄シテ之ヲ保險者ニ任セ契約ノ償金ヲ保險者ヨリ請求スル事

ヲ謂ナリ

第九十四項　自棄全損ト成ス可キ損害ノ程度ヲ定ル法則ハ如何保險附ノ船舶航海中海上危難ノ爲メ損害ヲ受ケ着港ノ後損傷ノ修復ヲ爲サントスルモ其費用ハ修復後ノ船價ノ半額ヨリ超過スル資金ヲ要セン二ハ自棄全損ト成スヘキ損害ナリトス

第九十五項　損害ノ報知ヲ得タル後ハ何時委棄ス可キ歟相當ノ時間ニ爲ス可キモノニシテ其時間ノ相當ナルト否トハ事件ノ摸樣ニ據リ專ラ陪審役ノ判定ニ任ス可キモノナリ

被保險者ハ法律上保險物ヲ委棄シ得ヘキヤ否ヲ決スルニ方リ他人ノ助言及ヒ報告ヲ求ル爲メ或ハ其他ノ事情アラハ相當ノ猶豫ヲ爲ス事ヲ得然ﾄﾓ其猶豫ハ損失回復ノ僥倖ヲ得ン爲ニ成ス可ラス必ス善意ヲ以テ爲ス可シ

第九十六項　被保險者ハ損失ノ報知ヲ得タル時委棄スルヤ否ヲ定ム可キ歟

被保險者ハ損失ノ報知ヲ得タル後ハ保險物ヲ委棄スルヤ否ヲ撰定ス可キ責アリ故ニ若シ委棄セント欲セハ相當時間ニ其旨ヲ保險者ニ通知ス可シ

第九十七項　船舶ノ保險アル場合ニ於テ自棄全損ノ爲メ委棄權ノ生スル時ハ如何

船舶ノ委棄權ヲ生スルハ事件ノ情狀ニ因リ一概ニ論ス可ラス然トモ茲ニ一例ヲ擧ケンニ船舶船主ノ管理ヲ離レテ航用ヲ爲サス且再ヒ航用ニ供スルノ期未定ナルカ或ハ又船舶損傷ノ修復費ハ航海ヨリ獲ル利益ヲ以テ補フ能ハサル時ノ如シ

斯ノ如キ場合ニ在テハ假令船舶ノ全體ヲ存スルモ法律ハ實利上ヨリ

存在セサルモノトス故ニ其船舶ハ滅盡シタルト同一ニ看做ス可シ委棄權ハ貨物又ハ船舶全損ノ實際的ニ據ラスシテ推測的ニ據ル又委棄權ハ損失ノ高ニ據リテ損失ノ原因ニ據ル可ラス

第九十八項　保險者ノ代理人ハ本人ニ代テ委棄スル權力アル歟

然、

第九十九項　損失ノ懼レハ委棄ヲ爲ス正當ノ原則ナル歟否、正當ノ原則ト爲ス可ラス

第百項　船舶海難ニ罹リ損滅セシト推定シ得ヘキ時間安否ノ通信ナキ時ハ船主ハ船舶委棄ノ手續ヲ爲サスシテ其全損ヲ保險者ニ請求スル事ヲ得ル歟

然、

第百一項　全損ナル語ニ就テ判事ストレー氏ノ與ヘタル釋義ハ如何」

判事ストレー氏ハ全損ナル語ニ就キ左ノ如ク精明ナル學術上ノ釋義ヲ與ヘタリ

氏曰委棄權ノ生スル場合ハ船舶捕拿ノ如ク其所有權ヲ强奪セラレタル時又ハ出船禁止、封港及ヒ船舶差押ノ如キ其使用權ヲ停止セラレ或ハ船舶沈沒ノ如キ所有ト使用ノ兩權ヲ失シタル時若クハ船舶海難ニ罹リ破損ヲ爲シ着港後修復爲シ能ハサル時其他船體大破損ハ爲メ航用ヲ爲サス且之カ修復費船價ヨリ超過スル時ニ在リ(中畧)又委棄權ヲ生セシムルハ常ニ事件ノ情狀ニ由ル卽チ船舶船主ノ管掌ヲ離レテ航海ノ用ヲ爲サス且再ヒ航用ニ供スルノ期未定ナルカ又ハ船舶損傷ノ修復費ハ航海ヨリ獲ル利益ヲ以テ補フ事ヲ得サル時ニ在リ云々

第百二項　船舶淺瀨ニ乘揚ケタル場合ニ之ヲ泛カハシメ能ハサル程

ノ損傷ナク或ハ又相當ノ費用ヲ以テ相當ノ時間内ニ修復爲シ能ハサル程ノ損傷ナキ時ト雖被保險者ニ於テハ該船舶ヲ委棄スル權アル歟」被保險者ハ是等ノ塲合ニ於テ委棄權ナシ判事長パーソン氏カピールヨリ商人保險會社ニ係ル事件ノ裁判ヲ與フル時左ノ說ヲ陳ヘリ

被保險者ハ唯船舶淺瀨ニ乘揚ケタルノミヲ原由ト爲シ委棄スル事ヲ得ス然𪜈船舶不測ノ幸運又ハ水夫ノ勞力或ハ意外ノ助力ヲ得テ之ヲ浮泛シ進航スル時ハ保險者ニ於テ淺瀨ニ乘揚ケタルヨリ生スル費用ト其修復費トヲ負擔ス可キ責アリ船舶淺瀨ニ乘揚ケ航海ヲ廢止セハ勿論船主ニ於テ其船舶ヲ委棄スル事ヲ得而テ其航海廢止ノ事實ヲ證明スルハ則チ船舶淺瀨ニ乘揚ケタル後破壞其他ノ災害ヲ蒙リタル事實ニ在リ云々

第百三項　船舶海岸ニ乘揚ケ之ヲ曳卸スノ助勢ヲ得サレハ委棄スル

事ヲ得ル歟

船舶海岸ニ乗揚ケ曳卸ス助勢ヲ得サルカ或ハ充分ノ修復ヲ加フルニ便利ナル場所ニ安全ニ廻漕セン爲メ必要ノ修繕ヲ爲スニ際シ船材及ヒ職工ヲ得サル時ハ船舶ヲ委棄スル事ヲ得

第百四項　船舶航海中損傷ヲ被リ抛棄シタル後他人ノ助力ニ因リ救援ヲ得ルモ船主卽チ被保險者ハ尙ホ委棄スル事ヲ得ル歟

此場合ニ於テハ被保險者ハ委棄スル事ヲ得ス然圧船舶損傷ヲ蒙リタル爲メ修復費、救助費等ノ辨償ノ義務ヲ負擔シ到底全損ニ歸スルカ如キ事情アル場合ハ此限ニ非ス

第百五項　保險附ノ船舶指名港ニ着スルモ航海中海難ニ遇ヒ多分ノ損傷ヲ受ケ將來到底航用ニ適スル形容ニ恢復シ能ハス或ハ修復スルモ裨益ナキ時ニ限リ被保險者ハ委棄スル事ヲ得ル歟

船舶ヲ修復シ得ヘカラサル事情又ハ修復スルモ裨益ナクシテ指定港ニ着シタル時被保險者ハ其港ニ於テ委棄スル事ヲ得サルノ道理ナカル可シ嘗テペンシルバニヤ州ニ於テ斯ノ如キ詞訟ノ起リタル事アリシカ保險證書ニ據テ全損ノ償金ヲ請求スルヲ得ヘシト判定セラレタル事アリ此判定ハ毫モ駁論ス可キモノニ非スト思惟ス

第百六項　委棄ニ關スル合衆國ノ一般ノ規則ハ如何

保險附ノ船舶又ハ其貨物海難ニ罹リ船價ノ半額以上ノ損害ヲ被ルカ或ハ又半額以上ノ船賃ヲ失フタル時ハ被保險者ニ於テ船舶又ハ貨物ヲ委棄シテ其全部ノ償金ヲ保險者ニ求ル事ヲ得ルハ乃チ合衆國ノ通例ナリ

判事長パーソン氏ハ船舶ノ蒙リタル損害金船價ノ半額ヨリ超過スル時ハ破船ト看做ス可キモノト爲セリ氏ノ言ニ保險附ノ船舶海難ニ罹

リ破船シタル時ハ一般ニ全損ト看做スト雖其蒙リタル損傷船價ノ半額以上ニ當ル資金ヲ要スル修繕ヲ加ヘサレハ航用ニ適セサル時ニ至リ初テ破船ト看做ス可シ云々

第百七項　船價五割以下ノ損害又ハ其損失ヲシテ全損ト看做ス可キ場合アル歟

船舶海難ニ罹リ航海ニ適セサルモノト成リタル時即如ヘハ外國港ニ在テ船長ハ修復費ニ必要ナル資金ヲ募ルニ當リ船賃又ハ其他ノ方法ヲ施スモ到底募集シ能ハサル時船舶ヲ賣却スル事ヲ得此場合ニ在テハ縦シヤ船長カ資金ヲ募集シ得テ船舶ヲ修復セハ其費用ハ船價ノ半額ヨリ超過セサルモノト假定シ得ルモ之ヲ全損ト看做サヽルヲ得ス故ニ保險者ハ其償金ヲ拂フノ責アルモノトス但船主ヨリ船長ニ資金ヲ給與セサル事船主ノ過失ニ出テタル時ハ此限ニ非ス

第百八項　五割以上ノ損害ヲ釀シタルヨリ自棄全損ヲ生ス規則ハ保險證書ニ特約アルニ非レハ船舶毀損ノ時ノ賣買代價若クハ保險證書ニ記載アル船價ニ據ル可キ歟

判事ストレー氏ハ毀損登時ノ賣買代價ニ據ルモノト爲セリ又修繕後ノ船價ヨリ五割ヲ超過スル損害ハ保險證書中ニ特約ヲ掲ケタル場合ニ限リ自棄全損ト爲ス可キモ然ラサレハ假令證書ニ掲ケタル船價ノ半額ニ相當スル損害アルモ之ヲ全損ト看做サヽルナリ

第百九項　被保險者船長若クハ被保險者ノ代理人船舶ノ修繕ニ着手シ其修繕ヲ了セサル前之ヲ委棄セハ其委棄有効ナル歟

損失高ノ五割以上ト以下トニ拘ハラス其委棄ヲ無効ナリトス

第百十項　船舶海難ニ罹リ止ヲ得ス入港シ更ニ輕荷ヲ搭載シテ他港ニ航行スル時船舶ノ一部分ヲ修復セハ委棄權ヲ失スル歟

修繕費ノ總額船價ノ半額以上ナル時ハ其權利ヲ消滅セサル可シ

第百十一項　五割以上ノ損害ニ付全損ヲ計算スル時ハ最初ニ新調品ニ對シ三分一ヲ扣除ス可キ歟

合衆國上等裁判所ニ於テ施行スル規則ハ其損失高ヲ計算スルニ當リ新品ニ付三分一ノ扣除法ヲ用ヒサルナリ

第百十二項　船長ニ於テ總テ航海ニ關係アル者ノ利益ヲ謀リ船舶及ヒ貨物ヲ賣却シタル時ハ其効力ハ如何

船長ニ於テ爲シタル船舶又ハ貨物ヲ止ヲ得サル事情アリテ賣却シタル時ハ保險者ハ船主又ハ荷主ニ對シ其損失ヲ償ハサル可ラス

第百十三項　船舶ノ航用ニ適セサル時貨物ノ積換ヲ爲ス可キ船長ノ義務ニ關スル規則ハ如何

其積換ヲ爲ス港又ハ其隣港ニ碇泊船アル時ハ船長ニ於テ其船舶ヲ雇

入ヘキ義務アリト雖場合ニ因リ便宜ノ處置ヲ爲ス事ヲ得
第百十四項　航用ニ適セストハ如何ナル解釋ヲ要ス可キ歟
航用ニ適セストハ保險法ノ字義ニ據レハ船舶海難ニ罹リ損害ヲ受ケ前形ニ回復ス可カラスシテ到底將來航海ノ用ニ供シ能ハサル事ヲ謂ナリ
又船舶ノ修復ヲ爲スニ多分ノ日時ト費用トヲ要シ殆ト一船ヲ新造スルカ如キ場合モ亦航用ニ適セサルモノトス
第百十五項　貨物ノ全損トハ如何ナル解釋ヲ要スル歟
貨物ノ全損トハ保險ノ海難ニ罹リ其貨物全滅シ又ハ船舶指定地ニ達セサルカ或ハ其貨物損傷シテ非常ニ市價ヲ減シタル時ヲ謂ナリ
第百十六項　貨物ノ保險證書ニ其代價ノ半額ヲ定ルハ如何ナル規則ニ據ル可キ歟

瑕瑾ナキ貨物ノ賣却代金ト損傷シタル貨物ノ賣却代價トノ差ヲ損失高ト定ルヲ以テ規則トス

第百十七項　保險證書中ニ淺瀨ニ乘揚クルトアルハ如何ナル解釋ヲ要ス可キ歟

保險證書ノ意義ニ據レハ淺瀨ニ乘揚クルトハ船舶航海中風波其他ノ災害ニ因リ淺瀨ニ乘揚ケ暫時停航スル事ヲ謂ナリ但淺瀨ニ乘揚クル事ハ航海中非常ノ禍害ニ原因シタルモノニ限ル可シ

第百十八項　法ニ適シタル委棄ノ効力ハ如何

適法ノ委棄ハ保險者ト被保險者ノ間ニ在テハ有効ニシテ且確定ノモノタリ故ニ此ヨリ生スル所ノ權利ハ卽チ既定ノ權利ナルニ付爾後如何ナル事項ヲ惹起スモ其權利ハ變更セサルナリ

前條ノ如ク委棄法ニ適セハ保險者ヲシテ全ク被保險者ノ位置ニ代ハ

ラシメ而テ被保險者ノ代理人ハ保險者ノ代理人ト看做サヽル可ラス

第百十九項　委棄ヲシテ有効ナラシムルニハ特別ノ法式ヲ要スル歟

特別ノ法式ハ勿論一片ノ書面ヲモ要セス故ニ書式ノ如何ハ敢テ論セス唯委棄ヲ爲スニハ其旨ヲ明言スルニ在リ決シテ曖昧ニ附シ推測ヲ要スルカ如キ事ヲ爲スヲ許サス又被保險者ニ於テ保險物ヲ委棄シタル時ハ其物件ニ對スル權利ト利益ハ總テ保險者ニ任カス可シ何トナレハ元來法ニ適スル委棄ハ保險者ニ物件ヲ任カセテ其所有權ヲ移轉セシムレハナリ

又被保險者ニ於テ保險物ヲ委棄スル時ハ必ス保險者ニ其理由ヲ述ヘ以テ委棄ノ報告ヲ爲サヽル可ラス

第百二十項　船賃ノ委棄ニ關スル法則ハ如何

船舶自棄全損ノ塲合ニ於テ若シ相當ノ船賃ヲ得ル能ハサルカ又ハ貨

物ヲ他船ニテ運搬スル費用約定シアル船賃ノ半額ヨリ超過スル時ハ乃チ船賃ノ自棄全損ト看做シ之ヲ委棄スル事ヲ得
第百二十一項　保険證書中ノ(メモランダム、アーチクル)「例外物」ヲ委棄スヘキ權利ニ關係アル規則ハ如何
船舶海難ニ罹リ航海スル能ハスト雖損失分擔ノ責ナキ保證附ノ貨物即チ例外物ハ之ヲ委棄スル事ヲ得ス但該貨物ハ無難ニシテ且滅盡セサル性質ノモノニ限ル可シ
若シ貨物滅盡シ易キモノト滅盡セサルモノト混シタル塲合ト雖唯航海中代價減少ノ事由ヲ以テ直チニ委棄スル事ヲ得ス但例外物ノ損害物件全部ノ過半ナル時ハ此限ニ非ス
若シ例外物滅盡シ易キ性質ナルニ於テハ該物品ノ全滅シテ其形体ヲ存セサル時ノ外ハ航海ノ廢止、損傷ノ多少其他物價ノ減少等ニ拘ハラ

ス總テノ損害ハ保險者ニ於テ負擔セサルモノトス
第百二十二項　曾テ委棄ノ法則ニ關シ紛議ノ生シタル緊要ノ事件アリ紐育上等裁判所ニ於テ判事ヂューエル氏ノ與ヘタル判決ノ詳報ハ千八百五十六年六月中同府ノ保險新聞ニ掲載アリ
抑該判例タルヤ商法上最モ須要ナル部分ノ疑議ヲ氷解セン爲メ左ニ其事件ヲ掲示ス故ニ之ヲ熟讀セハ裨益大ナリ而テ當時該新聞記者ノ評論ニ此判例ハ實ニ紐育法廳ノ信用ヲ增シタル而已ナラス之ヲ熟讀考究セハ貴重ノ知識ヲ擴ル事アルヘシ云々ト
紐育上等裁判所千八百五十六年二月ノ定期開廳ニシテ本件ハエリシヤー、ラクマンヨリルイス、ウヰル商人保險會社ニ係ル事件原被告人ノ辨論及ヒ判決ノ主旨左ノ如シ
原告人ノ訴旨

本訴ハ「スクー子ル」形商船マルガレット、ポッピング」號紐育府ヨリ桑港ニ航海中ノ保險價額ヲ三千弗ト約定シタル保險證書ニ起因ス而テ其證書ハ千八百四十九年十二月二十二日附ニシテ船價壹萬貳千弗ト記載シタル定價保險證書ナリ

訴狀第一項ニ該船ハ材木其他ノ貨物ヲ積載シ千八百四十九年十二月二十一日紐育港ヲ拔錨シ其翌年二月四日ニ船中熱病流行シテ船長及ヒ水夫二人病死シ其他ノ者ハ皆該病ニ感染セリ且該船ハ暴風雨ニ逢ヒ同月十二日ニ至リ伯西爾《ブラジル》國聖《シント》カザリン港ニ入津シ船ニ修復ヲ加ヘタル總入費ハ貨物保護費ヲ合シ三百六十四弗其内百弗ヲ除キ餘ハ皆返辨シタル旨開陳セリ

其第二項ニ本船ハ伯西爾國駐箚合衆國公使ノ選任シタル船長子ーン氏ノ指揮ヲ受ケ更ニ一名ノ水夫ヲ傭入レ千八百五十年六月七日聖カ

ザリン港ヲ出帆シタルモ再ヒ暴風ニ逢ヒ止ヲ得ス其年十月一日ニバルパレイソー」ニ入港シテ船体撿査ノ上修復セシ入費ノ總計ハ船中必要ノ諸雜費其他船舶、貨物ノ保護費等ヲ合セハ船價ノ半額ニ達セリ船長ハ該入費ヲ支辨セン爲メ金策ヲ爲セシモ金調ナラサルヨリ貨物ヲ賣却シテ其辨償ニ充テタリ然𪜈尚拂ヒ不足アルカ爲メ出港前之ヲ返辨セサルヲ得サルニ付船長ハ船舶抵當ニテ金調セント欲シタルモ亦果サス因テ終ニ航海ヲ委棄シ該船ヲ賣却シタリ是ニ於テ原告人ハ該船ノ所有權ヲ全ク失フタリト陳供セリ

其末項ニ此損失ハ船舶ノ進退ニ關シ船長ノ越權ヨリ生シタル旨供述セリ

原告人ハ千八百五十一年一月八日ニ至リ損失ノ事ヲ聞知シタル事及ヒ該船ヲ被告人ニ委棄スル旨ヲ陳ヘ且以上ノ事實ヲ證明シテ全損ノ

訟求ヲ為ス者ナリ云々ト

被告人ノ答辯

被告人ハ保險證書ノ約束相違ナキト航海中ニ起リタル重要ノ事項ヲ承認スルモ「マルガレット、ポッピング」號ノバルパレイソー港ニ到着セシ際該船損害ノ情況ハ之ヲ修繕スルニ船價ノ半額ヲ要ス可キモノニ非スト抗辯セリ然𪜈該船ハ貨物及ヒ船舶ノ賣却前充分ノ修復ヲ加ヘタル事ヲ認メタリ

又船長カ修復費ヲ支辨ス可キ金額ヲ募集シ得タルニ船舶ノ修復ヲ為サスシテ貨物ト共ニ之ヲ賣却シタルハ全ク船長カ自已ノ義務ト權利トヲ誤解シテ委任外ノ處置ヲ為シ航海ヲ廢棄シタルモノナレハ保險ノ危難ニ原因スルモノニ非ス

假リニ船長其調金ヲ為シ能ハサリシモノトセンカ果シテ然ラハ船主

卽チ原告人ハ船長ニ資金或ハ金劵ヲ給與ス可キ義務アルニ其義務ヲ盡サヽリシハ乃チ原告人ノ怠慢ト謂ハサルヲ得ス故ニ資金ノ不調達ヨリ船舶ヲ失フタルハ原告人ノ過誤、怠慢ニ原由スト謂フ可クシテ船長ノ越權ト爲スヲ得ス況ンヤ原告人ハ遭難ノ始末ヲ知リタル後船舶及ヒ貨物ノ賣買ヲ承允シ且其賣却金ヲ船長ヨリ受取リ使用シタルモノナリ因テ被告人ハ此論辨ヲ以テ本訴ノ委棄ト損失ノ要求トヲ承認セサル者ナリト

此案件ノ審理ヲ遂ケ認定シタル重要ノ事實ハ左ノ如シ

本訴ノ船舶ハ金劵ノ如キ有價ノ證書ヲ携帶セス船長ハ只タ手裡ニ貳百五拾弗ヲ有シ紐育ヨリ出帆シタリ

訴狀ニ掲載アル如ク本船ハ遭難ニ罹リ聖、カザリン港ニ入津シテ修復ヲ加ヘシ費用ハ損失分擔法ニ依リ後日悉ク辨償ヲ受ケ被告人ノ支辨

ニ係ル分ハ四百五十九弗七拾仙ナリキ又船長ハ右修復費ノ爲メ船舶抵當證書ヲ尋常ノ書式ニ據テ調製シ之ヲマックス、ウエルライト商社ニ差入レ三千四百七十九弗貳拾六仙ヲ借入レ而テ其船ニハ新撰ノ船長ヲ乘船セシメ該港ヲ出發シタルモノナリ

其後本船ハ再ヒ暴風ニ逢ヒ千八百五十年十月一日バルパレイソー港ニ投錨シ之ヲ撿査セシニ船體ハ異狀ナキモ檣、帆、網具ノ向來用ヲ爲シ難キヲ發見シ其修復費ヲ貳千五百弗乃至三千弗ト見積ヲ立テ修復ニ取掛リタルニ五百弗ト見積リタル綱具ヲ除ク外ハ皆豫算金ニテ整頓セリ玆ニ於テ船長ハ其修復費ニ充ツヘキ資金ヲ募ラン爲メ船舶抵當ニテ金圓借入ヲ廣告シタレ圧其効果ナカリキ

船長ハ他船ヲ以テ貨物運搬ノ策ヲ爲サスシテ只タ其修復費ヲ辨濟ス可キ資金ヲ募ラント欲シ貨物ヲ千九百七弗貳拾五仙ニ公賣シ其純益

七百五十弗六仙ヲ得タルモ尚不足スルニ據リ千八百五十年三月十五日ニ至リ該船ヲ九千弗ニ私賣シ其純益八千三百七十弗ヲ得又時針器其他ノ物品ヲ貳百七十五弗ニ賣却セリ右賣却純益ノ總額九千三百五弗六仙ノ内ヨリ領事費千三百二十二弗三拾九仙トマックス、ウェルライト商社ノ負債金三千四百七拾九弗貳拾六仙ヲ返濟シ而テ船長ハ聖カザリン港ヨリ紐育迄ノ歸國旅費四百弗ヲ合シ總計千五百三十九弗九拾七仙テ懐中シ其他千四百五拾四弗五拾仙ハ爲換ニ組ミ其爲換券ヲ千八百五十年十一月二十四日付ノ書翰ニ封シ原告人ニ送致シタリ是ヨリ先キ船長ハ原告人ニ通信セシ事アレモ千八百五十一年一月八日ニ至ルマテ原告人ハ該船ノ摸樣ニ關シ被告人ハ報知ヲ爲シタル事ナシ然ルニ此日タルヤ原告人ハ現ニ船舶賣却代金ヲ受領シ之ヲ使用シナカラ其事情ヲ被告人ニ明カサヽル而已ナラス右賣却ノ結局ニ管シ詳細ノ報知ヲ為サスシテ忽然本船ヲ委棄シタル時ナリ殊ニ原告人ハ事ノ顛末ニ付船長ヨリ通信ヲ得タル後紐育ニ於テ本船ヲ貳千三百拾九弗五拾壹仙ノ抵當ニ為シタリ復タマックス、ウエル、ライト商社ヘ船長カ曩ニ返還シタル三千四百七拾九弗貳拾六仙ヲ原告人ニ貸與セシハ全ク原告人ノ指揮ニ出テタルモノナリ

滊船ハ毎月下旬ヲ期シバルバレイソー港ヨリ巴奈馬ヲ經テ紐育ニ達スル郵船アリ故ニ船長ハ此郵船ニテ原告人ニ顛末ヲ通信シタランニハ其遞送日數大約三十五日間卽チ千八百五十年十二月一日迄ニ原告人ハ該船ノ景況ニ關シ詳報ヲ得タル筈ナルニ被告人ヘハ之ヲ通知セサリキ

而テ被告人ハ本訴ノ訟求ニ對シ只タ全損ノミヲ償フ可キ事ヲ承諾セリ

陪審ハ本訴ノ審理上ニ掲ケタル法律ノ疑問ト要償ノ高トヲ定ルニ付

テハ裁判所ノ意見ニ任シ原告直者ト判定セリ
船舶、貨物及ヒ船賃等ニ關スル別段ノ訴訟ハ諸種ノ保險證書ヨリ紛議ヲ惹起シタリ而テ本訴ト同樣ノ保險證書ニ關スル訴訟ハアストル、ミユーチユワル保險會社ヨリユニオン、ミユーチユワル保險會社ニ係ル事件ナリ
列席判官ハ判事長オークリー氏及ヒ判事ヂユーエル氏ニシテ原告代言人ハカッチンク及ヒロールドノ兩氏被告代言人ハウヰルリヤム、カルチスノイス氏ナリ
判事ヂユーエル氏ハ裁判所ノ意見ヲ述フルニ方リ先ツ本訴要點ノ事實ヲ陳述シ而テ左ノ辨明ヲ爲セリ
前條ノ事實ニ據テ原告人カ本船ニ對シ全損ノ償ヲ被告人ニ請求シ得ヘキヤ否ハ本訴ニ含有スル疑問中ノ最モ肝要ナルモノニシテ之ヲ判

定スルハ余輩モ必要トスル所ナリ若シ此疑問ヲ原告人ノ利益ニ判定セハ或ハ云ハン原告人ニ於テ貨物及ヒ船賃ノ全損モ亦其要償ヲ得ヘキ權アルハ必定ノ結果ナルヘシト然モ余輩ニ於テ其結果ヲ生スル條件ハ本件ト異ナル事情アリト思料ス夫レ貨物及ヒ船賃保險證書ヨリ生スル疑問ハ向後員ニ異ナル所アルヲ了知スヘシ然モ其疑問ハ本件ト同時ニ論ス可ラス

余輩ノ所見ニ原告代言人ノ論辨ハ本船ニ對シ全損ノ償ヲ得ヘキ權利アリト謂フハ左ノ二箇ノ理由ニ止ルカ如シ

第一　船長カバルパレイソー港ニ於テ本船ヲ航用ニ適セシムル爲メ修復ヲ加フルニ資金ヲ募集シ能ハサリシ事

第二　本船ヲ賣却シタルハ當時ノ情狀止ヲ得サルニ出テタルヲ以テ正當ノ所置ト看做スヘキ事

此二箇ノ理由中孰レヲ以テ本船ノ委棄ヲ正當ト爲スヘキヤ否ヲ審究ス何トナレハ若シ委棄スル事ヲ得サルモノトセハ船舶保險證書ニ管スル訴件ヲ棄却スルカ或ハ其再審ヲ爲サヽルヲ得サレハナリ是故ニ先ツ此論題ヲ論究スルニ余輩ハ船長ニ於テ必用ノ資金ヲ募集スルニ方リ爲シ得ヘキ的ノ勤勞ト法律ノ命スル所ハ皆盡シタルモノト假定セン且又本船ハ已ニ修復ヲ加ヘタルニモ拘ラス賣却ノ當時之ヲ航用ニ供センニハ尚一層ノ修復ヲ要セサレハ到底其用ヲ爲サヽリシ者ノトセン乎然圧余輩ハ前陳ノ事實ヲ以テ向後雙方ノ擧證ヲ要セスシテ事理既ニ明白ナリト謂フニハ非ルナリ

第一　船長カバルペレイソー港ニ於テ本船ノ修復ヲ爲スニ要用ナル資金ヲ募集シ能ハサリシ事ノミヲ以テ航海ヲ廢棄シ得ヘキ理由ト爲スヘキ乎船舶海難ニ逢ヒ損傷ヲ受ケ止ヲ得ス港灣ニ入リ修復ヲ爲ス

ニ當リ其經費ハ通常ノ雜費ヲ扣除スルモ尙船價ノ半額ヨリ超過スヘシト思料シタル時ハ假令損失ハ其實一部分ナルモ法律上全損ト看做セリ而テ船主若シ船舶ヲ保險シアラハ相當ノ期限內ニ之ヲ委棄シテ其賠償ヲ保險者ニ請求スル事ヲ得ヘシ此場合ニ於テ船主ノ有スル委棄權ハ制限ナキモノナリ然𪜈保險アル海難ニ罹リ航用ニ適セサルモノトナリシ船舶ハ正當ニ委棄スル事ヲ得ルハ特リ此理由ニ止マラサルナリ何トナレハ假令其修復費ノ見積高ハ船價ノ半額以下ナリトセ若シ被保險者及ヒ其代理者ニ於テ爲シ得ヘキ勤勞ト盡シ得ヘキ手段トヲ施スモ將來該船ヲ航用ニ適セシムル事能ハサル時ハ自棄全損ト爲シ(適法ノ委棄ヲ爲シタル上)其要償ヲ訟求シ得ルハ論ヲ竢タサレハナリ將亦船材及ヒ職工ノ缺乏ニ起因シ必要ノ修復ヲ爲シ得サル場合ト雖以上ノ法理ニ據ラサルヲ得ス是ヲ以テ余輩ノ觀察ニ此法理ノ歸

スル處ハ卽チ船舶海難ノ爲メ入港シ其修復ヲ加ヘント欲シテ爲シ能ハサルハ船材、職工、須要ノ資金或ハ金券ノ欽乏ニ起因スルト否トハ敢テ論セス抑委棄ヲ正當ト爲ス可キモノハ唯航海ヲ廢棄セサルヲ得サルニ至ラシメタル事實ノ成立ニ據ル可キモノナリ斯ノ論旨ハ余輩一個ノ考察ニ止ラス本邦及ヒ外國ノ顯明ナル法律家ノ定說其他裁判例モ同一ナリ

是故ニ博識ナル被告代言人ノ論旨ニ船長カ本船ニ修復ヲ爲スニ須要ナル資金ヲ募集シ能ハサリシハ畢竟船主ニ於テ航海ノ急需ニ備フル資金或ハ金券ヲ船長ニ給與シ置ク可キ義務ヲ怠リタルニ起因ストノ說茲ニ至テ忽チ擯斥セサルヲ得ス殊ニ余輩ノ意見ハ船主ニ斯ノ如キ義務ナキ者トス而テ一般ノ慣習ニ依ルモ亦未タ曾テ負擔シタルモノナシ況ンヤ其義務ニ至リテハ苛税ニ異ナラスメ所謂無用ノ重苛税ト

謂フ可キニ於テヲヤ抑船主カ船價四分ノ三ニ相應スル資金(止ヲ得ス碇泊セシ港ニ在テハ金劵ノ額面高ハ効用ヲ爲サヽル可シ)ヲ船長ニ給與スルヲ必要ト云フニ至テハ此ヨリ甚シキ不便非理ハ蓋シ他ニ有ラサル可シ之ヲ換言セハ船舶航海中難ニ遭ヒ漂着スル場所ハ假令如何ニ遠隔ノ地ナルモ船舶ノ損傷自棄全損ニ至ラサル限リハ修復スルニ充分ナル資金ヲ船長ノ手裡ニ支給シ置カサル可ラストニアリ被告代言人ノ論旨ヲ推究シ其結果ヲ繹ルニ義務ノ効果ヲ擴張スルノ大ナル事前供ノ如シ將又其代言人ノ論據ト爲ス彼合衆國保險會社ヨリオグデンニ係ル事件ニ付覆審裁判廳ニ於テ與ヘタル判決ハ代言人ノ論旨ヲ助クルノ具トナラサル而已ナラス其判決例ノ主旨ハ本案ニ貌形タモ似サルモノナリ抑該判決例ヲ閲スルニ船舶ハ指名港ニ在テ修復ヲ爲スニ方リ經費ニ充ツ可キ資金ヲ誤テ他ニ使用シタル特別ノ事實

アリテ與ヘタル裁判ナリ又其判決中委棄ノ事ニ關シ議官ベルプランク氏ノ述ヘタル語ニ修復費ノ缺乏ハ委棄ノ原由ト爲スヲ得サルトノ輿論ヲ以テ直チニ一般ノ規則トスルハ正理ニ非ラス若シ其缺乏被保險者又ハ其代理人ニ於テ相當ノ勤勉ヲ怠リ若クハ信用ヲ缺キタルニ原因スル場合ニ限リ其輿論ヲ適用ス可シトノ論旨ハ卓論ト稱ス可キモノニシテ吾輩モ贊成スル所ナリ

本件特ニ審究ス可キ疑問ハ船舶ノ修復ヲ要スル場合ニ船長ハ幾許ノ勤勉ヲ盡スヘキ歟又其資金ヲ給與セラレサル時船長ノ努力又ハ其資金ノ缺乏ヲ補フニ如何ナル手段ヲ行フ可キ歟ニ在リ此等ノ疑問ヲ判定スルハ至難ニ非ルナリ若シ船長ニ於テ船主又ハ自巳ノ信用ヲ以テ必要ノ金額ヲ募集シ能ハサル時ハ法律上船長ノ管理スル財産並ニ船舶ヨリ生スル利益ノ一部分若クハ其全部ヲ抵當ト爲シ調金ス可キ權

カヲ與ルノミナラス必ス爲ス可キ義務ヲ負ハシメアリ故ニ船長タル者ハ船舶又ハ貨物ノ書入若クハ質入等ノ方法ニ依テ船舶、船賃及ヒ貨物ヲ抵當ニ爲ス事ヲ得タリト雖船長相當ノ勤勉即チ以上ノ方法ヲ行フモ尚好結果ヲ得サル時ニ至リ始テ航海ヲ廢棄スル事ヲ得此場合ニ至テ船主ニモ亦(保險附ノ時)船舶委棄ノ權ヲ生スルモノナリ以上陳述スル處ヲ以テ視レハ船長カ修復費ヲ募ルニ際シ其勤勉ト努力トヲ盡クス可キ時期ハ難破船ノ碇泊スル港ニ限ルモノト謂フニハアラサルナリ假令該港ニ於テ相當ノ船材、職工其他須要ノ資金ヲ募リ得サルモ直チニ航海ヲ廢シ自カラ管理スル船舶ヲ賣却シテ財産ヲ烏有ニ歸セシム可キ條理ハアラサルナリ加之船舶ノ修復費船價ノ半額以下ヲ以テ爲シ得ヘキ時ハ尚船長ニ於テ修復スルノ義務アリ而テ其義務ヲ怠リナハ保險者ヲシテ分損ヲ償ハシムルノ外ハ全ク其責任ヲ免カラシムルニ至ラン是故ニ船舶修復ノ日時ニ遷延ト修復費船價ノ半額以上ニ增額スル事ナキト、船材及ヒ職工ノ欽乏ハ隣港ニ仰キ得ヘク且其他須要ノ資金ハ船主若クハ其代理者ニ通信シ得ヘキニモ拘ハラス船長ニ於テ航海ヲ廢棄シ船舶及ヒ貨物ヲ賣却スルノ處置ヲ至當ノモノト爲ス可ラス故ニ以上ノ事項ハ全損要償ノ理由ト成ラサルナリ

上來ノ疑問ヲ理治ス可キ主義ヲ陳ヘンニハ敢テ難キニ非ス然圧確乎不易ノ原則ト之ヲ理治スヘキ先例ノ在ルニ非ス之ヲ理治セントスルノ主義ハ原被兩造ノ契約ノ性質ト契約書ノ文詞其他事理上ノ解釋ヨリ來ルモノナリ夫レ賭博保險ハ法律上嚴禁ナルニ付本訴ノ保險契約ノ性質ハ純粋ノ要償契約ト云ハサルヲ得ス果シテ然ラハ此眞正ナル性質卽チ商業其他公益上ノ主旨ニ違ハサル事ヲ記臆スルヲ必要トス殊ニ疑ハシキ事件ニ於テハ嚴然此主義ヲ主張セサル可ラス吾輩此ノ

主旨ニ基キ論究スルニ航海廢棄ノ事タルヤ若シ船舶ニ保險莫カリセハ船主ニ於テ航海ヲ繼續スル事必定ナラハ決テ其廢棄ヲ正當ト爲ス可ラス又航用ニ適セストシテ船舶ヲ委棄スル事若シ其船舶ニ保險莫カリセハ船主ニ於テ船舶ヲ拋棄セス修復ヲ加エル事必定ナル時モ亦決テ委棄ヲ正當ト爲ス可ラス故ニ定價保險證書ノ場合ニ於テ若シ船主ニ全損ノ要償ヲ得セシメナハ海航ヲ遂ケ其結果ヲ觀ンヨリ寧ロ航海ヲ廢棄シテ其要償ヲ得ルハ遙カニ船主ノ利益トナラン事往々アル可シ此等ハ必ス不正詐欺ノ傾向アル事ニ付裁判所ハ可出來其豫防ヲ爲スハ論ヲ俟タサルナリ又保險證書ニ記載ノ船價ヲ確的ノモノト看做ス以上ハ到底彼ノ傾向ヲ豫防スル能ハサルカ故此弊害ヲ矯メンニハ先ツ該證書ノ効力ヲ減少セシメ委棄ノ權ヲシテ契約ノ性質、目的及ヒ契約書ノ主意ト條理公道ノ明示スル所ノ範圍內ニ止ラシムルニア

リ
當テアントルソンヨリウオルリスニ係ル重要ノ事件ニ關シ大法官エ
ルレンボロー氏カ分損ヲ全損ト看做ス委棄法ノ原理ト謂フ可キ眞正
ノ主意卽チ其摸範ト爲ル可キ事ヲ短簡ニ陳ヘテ曰抑委棄ナルモノハ
損失ノ當時現ニ全部ニ係ルカ然ラサレハ全部ノ損失ヲ釀スモノト推
量シ得ヘキ時ノ外ハ決テ委棄ヲ許容セスト然リ而テ余輩カ英國ニ於
テ現時ノ裁判例ヲ閱スニ判例ノ辨明スル處及ヒ其正理ト爲ス處皆エ
ルレンボロー氏ノ主義ト同一ナリ今茲ニ各種ノ判例中ヨリ其一例ヲ
擧ケンニ保險附ノ船舶捕拿セラレタル時ハ現ニ全損ナリト雖塲合ニ
依リ該船ヲ取戻シ或ハ回復シ得ル事アルカ故ニ之ヲ委棄センニハ回
復ノ念ナキ事ヲ保證シ其保險者ニ回復ヨリ生スル利益ヲ與フル爲メ
其所有權ヲ移スヲ必要ナリトス若シ船舶淺瀨ニ乘揚ケタル塲合ニ於

テハ其損失ヲ分損ト看做ス可キカ將タ委棄ヲ許ス可キ全損ナルヤ否ノ疑問ヲ斷センニハ船舶遭難ノ原因及ヒ遭難ノ種類如何ト之ヲ救助シ修復スル困難危險ノ度ト其費用ノ多寡トニ歸スルモノナリ故ニ相當ノ努力ヲ盡シ之ヲ救助スルノミナラス尋常ノ入費ヲ以テ充分修復シ得ヘキ時ハ船舶ノ委棄ヲ爲スモ其効力ナク唯分損ノ要償ヲ爲スニ止ルノミ若シ全損ノ要償ヲ得ンニハ船舶危難ノ救助尋常ノ手段ヲ以テ爲シ能ハサルカ或ハ船價ニ幾倍スル資金ヲ費サヽレハ到底爲シ能ハサルカヲ證明セサル可ラス之ヲ換言セハ假令全部ノ損失ハ其當時現ニ存在セサルモ充分推量シ得可キ事ヲ證明セハ可ナリ合衆國ニ於テハ素ト貨物ニノミ適用セシ半額規則ヲ現今船舶ニ適用シタルカ爲メ委棄法ノ確固タル原理ヲ脫離シタリ何ントナレハ半額規則ノ基礎ハ全損ノ推量ヲ爲ス時ノ外他ニ理由ハアラサル可シ故ニ半額規則ヲ

船舶ニ適用シタル誤謬ハ訟事ヲ增加スル原因ト爲ル而已ナラス若シ船舶ニ保險莫リセハ航海ヲ遂ク可キ幾許ノ船舶モ遂ニ廢棄スルニ至リ保險者ノ損失トナル事尠シトセス此等ノ阻害アルニモ拘ハラス其誤謬ハ終ニ合衆國ノ規定法トナリシカ何故ニ法廳ハ倍々此半額規則ヲ擴張シテ其規則ニ關セサル事件ニ及ホシ以テ保險法ノ定則ヲ脫離シタルヤ吾輩其理由ノアル所ヲ見出サス加旃余輩ハ保險契約ニ於テ自棄全權ヲ濫ニ爲ヲ制止シ若クハ此等ノ宿弊ヲ掃除ス可キ處ノ主義ヲ遵守セスシテ委棄權ヲ生スル全損即チ自棄全損ヲメ一層擴張セシムヘキ理由アルヲ信セサルナリ故ニ船舶海難ニ罹リ損害ヲ受ケ或ハ災害ニ陷リ半額規則ヲ適用シ得サル塲合ニ該船ヲ委棄メ賣却スルヲ正當ト爲ス歟將タ修復ヲ爲サヽル可カラサル歟ノ疑問ハ該船ヲ再ヒ航用ニ供セン爲メ盡スヘキ處ノ努力其効ヲ奏セスシテ却テ是ヨリ生

スル處ノ諸事ノ遲滯、困難其他ノ冗費ヲ船舶ノ全損ト看做スニ足ルヤ否ノ尋問ニ對スル答辨ヲ以テ斷定スル事ヲ得ヘシ然𪜈此尋問ハ必ス余輩カ玆ニ陳述スル所ノ式ニ據ルヲ要セス余輩カ以上ノ式ニ反シ玆ニ英國ニ於テ多年行ハル尋問ノ式ヲ賛成シ之ヲ採用セントス而テ其尋問法ハ近世ノ訴訟即チルウヰングヨリマンニングニ係ル事件ニ於テ終審裁判所ノ明カニ批准シタル處ノモノナリ該件ノ裁判其他夥多ノ先例ニ依ルニ陪審官ニ於テ其判決ト爲ルヘキ答辨ヲ爲サヽルヲ得サルノ疑問ハ則チ思慮アル船主ハ保險ヲ爲サヽル場合ニ於テ活斷以テ航海ヲ廢棄シ船舶ヲ賣却シタル歟將タ修復ヲ加ヘタル歟ニ在リトス此疑問ハ全損推量的ノ疑問ト同一ノ意義ヲ有スル者ナリ何トナレハ思慮アル船主ヲシテ船舶ノ保險ヲ爲サヽル時此レニ修復ヲ加フル事ヲ望マサルハ獨リ全損ヲ惹起ス事ヲ推量シ得ヘキ時ニ限ルモノナレハナリ此疑問ノ法式ニ據レハ陪審官本件ニ於テ船主ノ處置ハ正實ニシテ且關係人ノ最上利益トナラン事ヲ企テタルモノト認ムルニ足ラサル可シ大判事テントルドン氏ノ言ニ陪審ニ於テ船長ノ斷決啻ニ正實ノ所爲タル而已ナラス船長ノ位置ノ狀況ニ據ルモ爲シ得ヘキ最モ良全ノ所爲タル事ヲ認ムルニ非レハ被保險者ヲシテ補償ノ責ヲ負ハシムルヲ得スト

余羅カ前條ニ參照トメ敷衍シタル事件ノ論點ハ船長ノ船舶賣却ハ其効力アルヤ否ノ疑問ニ在テ被保險者ニ委棄ノ權アルヤ否ノ疑問ニ非ス然𪜈航海ノ廢棄ヲ許容ス可キ自棄全損ノ塲合ニ限リ船舶ノ賣却ハ止ヲ得サルノ事情ト爲シ其處分ヲ至當ト看做サヽルヲ得ス故ニ孰レノ疑點モ其實同一ナリトス且又船舶ヲ賣却スル迄委棄ヲ爲サヽルモ敢テ疑點ニ異ナルナシ

保險契約ヲ爲サヽル船主カ船舶ヲ淺瀨ニ乘揚ケタル時船主ノ活斷ヲ以テ處分スル事乃チ保險契約ヲ爲シタル船舶ノ船主ニ委棄權ヲ與フ可キヤ否ヲ定ルニ正當ノ標準タル事ハ判事ストーリー氏及ヒ大法官ウオルウヲルス氏ノ認許セシ所ナリ然圧余輩ハ何故ニ此標準ハ船舶修復費船價ノ半額ニ超過スル確證アルモ委棄ノ特權確定セサル各場合ニ適用爲シ得サルノ理由アルヲ見出ス事ヲ得ス若シ其標準ヲシテ船舶ノ淺瀨ニ乘揚ケタル場合ニ限リ適用セントセハ大法官ウオルウヲルス氏カ嘗テ憾慨セシ矛盾法例ノ錯雜ヲ全掃シテ其患ナカラシメント希フモ蓋シ能ハサル所以ナル可シ

余輩ハ前條ニ掲クル諸說ヲ本案事件ニ適用ス夫レ本案事件ノ表面ヨリ觀察ヲ下ス時ハ「マルガレット、ボッピング」號カバルパレイソー港ニ繫船中ノ模樣ハ全ク無難ナリ船長巴奈馬郵便船路ヲ經テ當市街郎ヲ紐育ニ在ル船主ニ海難ノ顚末ヲ通信シタランニハ其書狀ノ日附ヨリ八十日間乃至九十日間ニ返書ヲ領受スヘキ事明瞭ナリ故ニ若シ原告人カ該船實際ノ情况ト船長カ該船ニ必要ナル修復ヲ爲シ能ハサル事ノ報知ヲ得タル上ハ爲替券ヲ發スルカ否ラサレハバルパレイソー港ノ一商社ヨリ信用借ヲ爲サシム可キ命令ヲ爲シ資金ヲ供給スル事ヲ得タル者ト推測セサルヲ得ス果シテ然ラハ今假ニ該船修復ノ日子一ケ月トバルパレイソー港ニ到着後船長ニ於テ必要ノ資金募集ノ爲メ徒費セシ時間一ケ月ト成ス時ハ該船バルパレイソー港ニ到着ノ時ヨリ修復ヲ加ヘ航用ニ適セシムルノ時間滿五ケ月ヲ消費セサルヲ得ス然リ而テ是ヨリ生スル疑點ハ船長ニ於テ彼ノ須要ナル資金ヲ船主ヨリ入手スル迄該港ニ碇泊シ修復ヲ加ヘ再航海ニ適セシメンニハ少ナクモ以上ノ日數ヨリ超過スル時間ヲ費ヤサヽルヲ得サルノ事實ハ他

ニ情狀アルニ拘ハラス單ニ其事實ノミニテ船長ハ自棄全損ト爲シ航海ヲ廢棄スル事ヲ得ルヤ且又船主ノ爲シタル委棄ハ正當ト看做ス可キヤ否ニ在リ

余輩ハ此重要ナル疑問ニ對シテハ法理ト判決例トニ依リ答フルノ外ナカルヘシト確信ス夫レ航用ニ適セサル船舶止ヲ得ス港灣ニ入リ海難ノ患ナク現ニ安全ノ塲所ニ達シタル以上ハ唯其停航ノミヲ以テ分損ヲ全損ト成スノ證據ト爲ス能ハサル事ハ夥多ノ判決例ニ明カナリ故ニ一時航海ノ中止ハ如何ナル塲合ニ於ケルモ船舶委棄ノ確乎タル原由ト爲ス可カラサルハ勿論搭載ノ貨物、消耗品ニ非ル以上ハ委棄ノ原由ニアラサル事疑ヲ要セサルナリアントルソンヨリヲルリスニ係ル事件及ヒイバアルスヨリスミスニ係ル事件等ニ在テハ殆ト六ケ月間航海ヲ中止セシ事アリ然モ此等ノ事件ニ於テハ委棄ヲ無効ト爲シ止タ分損ノミノ償ヲ得ヘキモノト判決セラレタリ加之ブラットリー ヨリデラウエヤ保險會社ニ係ル事件ニ於テ卓識判事ストレー氏カ合衆國高等裁判所ニテ言渡シタル判案中ニ前記ノ事件及ヒ其他ノ事件ヲ參照ト爲シ左ノ確實ナル原理ヲ推究セリ其言ニ曰保險アル危難ヨリ船舶ヲ全ク航用ニ適セサルモノト爲サスシテ單ニ航行ヲ中止シタル事ハ法理上委棄ヲ許ス可キ自棄全損ト看做ス可ラスト又曰保險アル危難ヨリ蒙リタル損害ヲ修復スル爲メ一時航海ノ中止ヲ成スハ其損失船價ノ半額ヨリ超過セサル時モ亦以上ノ原理ニ基ク可キモノナリト此確定ノ原理ヲ本案事件ニ適用シ論究スルニ船長カ本船ノ修復ヲ止メ之ヲ賣却セント決斷シタル時ハ已ニ貨物ノ賣却或ハ其貨物ニ損害アリテ到底航海ハ無益ニ歸シタル事之ヲ換言セハ原告人ハ船主タルモ荷主タルモ毫モ其區別ヲ要セス唯企圖セシ利益ヲ航海ヨリ得

ル能ハサル事實ノミヲ以テストリー氏ノ述ヘシ原理ノ適用ニ變化ヲ來タサヽル可シ又判事マンスフヰールド公ノ時世ニ在テハ航海ノ損失卽チ豫算ノ利益ニ損失アル事ハゴスヨリウヰルソルスニ係ル事件ハミルトンヨリメンデツニ係ル事件ミルスヨリレフレツシエルニ係ル事件其他數事件ニ於テ船舶及ヒ貨物ヲ委棄スルノ原因ナリト判定シアリ然ㇾ此等ノ事件ハボールヨリフヰツゼラルドニ對スル訴件ニ於テ英國上院ノ與ヘタル裁判例ニ全ク反スルノミナラス其后英國裁判所及ヒ本邦ノ裁判所ニ於テ與ヘタル數回ノ裁判例ヲ以テ明カニ前陳ノ判例ヲ破毀シタリ故ニ現今確定ノ原理ハ保險契約ハ航海ニ關セサルモノトナセリ之ヲ複説センニ抑保險契約タルヤ航海ノ利益ヲ滅盡セン事ヲ擔保スルニ非スシテ只タ保險シタル海難ノ爲ニ船舶ノ航海ヲ壅塞セラレサラン事ヲ擔保スルニ在リ且法律ノ看認ムル處ハ船

長カ船舶ヲ管理スル間タハ未タ其航海ヲ壅塞セラレサルモノト爲スニ付亘シヤ航用ニ適セサルモノト成ルモ必ス修復セサル可ラス余輩カ玆ニ爲ス説明ト己ニ掲ケタル裁判例トニ由テ觀察スルニ船舶修復中航海ノ遲延ヲ來タスハ假令目的タル商業ヲ全廢ス可キモ船長ノ所置ヲ正當ト爲スニ足ラサルカ故被保險者ハ保險者ニ對シ全損ノ要償ヲ爲スヲ得ス特ニ商業ノ目的全廢ノ事實ヨリ觀察セハ本案事件ノ歸スル處ハ船長カ航海ヲ廢棄シ船舶ヲ賣却セント決スル前ニ船主ニ通信ス可キ義務アルニ其義務ヲ怠リタルニ付船主ハ船長ノ所置ヲ責ムルニ止マルトノ判定ヲ受ク可キ訴件ノ種類ナリト明言ス而テ此ノ如キ場合ニ於テ被保險者ノ得ヘキ補償ハ只タ分損ニ止ム可キ事ハフヰリップ氏ノ意見ニ同意セサル可ラス何者保險ヲ爲サヽル船主ニ對シ無効タル可キ船長ノ處置モ保險ヲ爲シタル時ハ保險者ニ對シ有効ト

爲スカ如キ理由アラサレハナリ
然𪜈余輩以爲ラク船長カ船主ニ通信シテ回答ヲ得ル迄バルパレイソー港ニ碇泊セハ分損ヲシテ現ニ全損タラシムル事ヲ得ルハ最モ推量シ得ヘキ眞正ノ事實ナリト爲スモ原告人カ全損ノ要償ヲ爲スニハ本訴ニ供スル證據ノミヲ以テ之ヲ得ヘカラスト雖他ニ事情アル事ヲ審理上尙證明シテ己ニ證明シタル事實ト連合セシメナハ全損ノ補償ヲ得ヘキ裁判ヲ受クル事敢テ難キニ非ル可シ船舶修復ノ爲メ碇泊中港灣ノ不安全氣候ノ異變船底ノ虫害又ハ其他ノ原因ニ據リ一層船舶ノ危難ヲ增重スル患害アルヲ以テ保險ヲ爲サヽル船主ハ熟慮シタル上其修復ヲ爲サス直ニ賣却スルニ決シタル可シトノ事實モ亦之レナキニ非ス然𪜈其事實ニ關スル證據ヲ審理中提供セサルニ付若シ其證據アリトセハ之ヲ提出スル爲メ再審ヲ許容スルハ敢テ不條理ニアラス

ト思惟ス
次ニ審定スヘキ疑問ハ彼ノ船舶ノ賣却ニシテ其賣却ハ被告人ノ負擔スヘキ全損ト看做スヘキヤ否ニ在リ余輩此疑問ニ答フルニ先タチ船舶賣却ニ關スル夥多ノ判例ヲ閲スルニ保險契約アル船舶海難ニ罹リ之ヲ賣却スルハ止ヲ得サルニ出テタルカ將タ船長ノ越權ニ出テタルニ非ラサル限リハ全損ト看做スヲ得ストアリ彼ノ有名ナル判事ベイレー氏ノ明言ニ賣却ヲ以テ損失ト認ム可シトノ題目ハ保險法中ニ習テアラスト然リ而テ吾輩カ茲ニ其明言ノ意義ヲ詳説センニ彼ノ船舶賣却前ニ自棄全損ヲ組成ス可キ事實アルニ非レハ假令其賣却ノ結果ヨリ如可ナル困難ヲ船主ニ來スモ保險者ニ其責任ヲ負ハシムル事ヲ得スト云フニアリ又アーノルド氏ノ言ニ船舶ヲ賣却セサルヲ得サル事情ナキニ於テハ假令之ヲ賣却スルモ決テ被保險者ニ委棄ノ權ヲ生

セスト且復フヰリップ氏ノ言ニ船舶ヲ賣却セサルヲ得サル事情ヲシテ未タ自棄全損ヲ組成セサルモノト爲ス以上ハ船長ニ於テ船舶賣却ノ處置即チ越權ノ場合ニアラサレハ全損ト看做ス可ラスト以上法律家ノ諸説ニ付其訴件ノ全部ヲ茲ニ掲クルハ必要ト思惟セス

本件ニ於テハ船長ニ善意アリシ事素ヨリ疑フ可ラサル事實ナリ故ニ船長カ船舶ヲ賣却シタルハ自棄全損ヲ組成スル處ノ止ヲ得サル事情アルニ據リ其所置ヲ正當ト爲ス可キヤ否ノ一疑問アルノミ抑本件ノ訴旨ハ該船一部分ノ修復費ヲ給供セシ債主ハ船舶ニ對シ差押權ヲ得タルニ付其權ノ執行ヲ迫マリ船長ハ其賣却ヲ爲シ能ハサルヨリ法律ノ命スル羅賣ヲ避ケン爲メ之ヲ賣却セリト云フニアリ而テ其事實ハ充分證明アルモ斯ノ如キ止ヲ得サル狀情ハ保險ニ係ル海難ノ結果ナリト謂フヲ得ス何トナレハ斯ノ如キ止ヲ得サル事情ヲ惹起シタルモ

ノハ畢竟船長カ修復ニ充ツヘキ資金ヲ有セスシテ專擅ニ修復ヲ命シタルニ起因スル事明確ナレハナリ假令彼ノ差押權ハ正當ニ成立タルモノニモセヨ之ヲシテ直チニ船舶委棄ノ原由ト爲スヲ得ス又其差押權ハ海上裁判所ノ言渡ニ據テ執行シタルニモセヨ分損ヲシテ全損ト看做ス可キ理由ナキモノナリ且其差押權ヲ解除シテ船舶ノ賣却ヲ停止スルハ船主ノ義務ナリ保險者ハ其保險ニ係ル海難ニ起因スル損失ニ對シ賠償ノ責アルモ獨リ船主若クハ其代理人ノ怠慢ニ原因スル損失ニ關シテハ其責ナカル可シ殊ニ本訴ノ委棄ハ其船舶ノ賣却ニ原因セサルカ故其賣却ヲ爲ス可キ止ヲ得サル特別ノ事情アル證據ヲ示スニ非レハ原告人ノ訟求シ得ヘキ損失ハ分損ニ止マルモノト斷言ス是ヨリ以下全損ノ要償ニ對スル被告人答辨ノ旨意ヲ論究センニ假リニ其答辨ノ旨意明確ニシテ再審スルニ及ハサルモノトセハ分損ノ計

算ヲ正當ニ爲サシメ且其金額ニ就テハ終審ノ裁判ヲ與フ可キモノニシテ今余輩ノ面前ニ被告人ノ提供シタル證據ヲ撿閲スルニ原告人カ本訴ノ船舶ヲ委棄セシハ相當ノ時間ヲ經過シタル後、委棄セシトノ旨意ハ正當ナラサル答辨ナリトス其所以ハ原告人カ初テ本訴ノ船舶バルパレイソー港ニ到着ノ報知ヲ得タル時ハ未タ船舶ヲ委棄スル義務ナキ而已ナラス實ニ原告人ニ於テ航海廢棄ノ事及ヒ船長カ必要ナル修復費ヲ募集シ能ハサルヨリ該船賣却ノ事ニ付報告ヲ得ル迄ハ委棄ノ權生セサレハナリ蓋シ其報告ノ書翰ハ其年十二月下旬迄原告人ノ手ニ達セサリシナラン果シテ然ラハ原告人カ其翌年一月八日ニ至リ委棄セシハ敢テ相當時間ヲ經過シタル後ノ所置ト云ヲ得サルニ付此事ヲ以テ被告人カ害ヲ蒙リシ事項ト爲ス可ラス又第二ノ答辨ニ委棄ノ權果シテ成立セシモノトスルモ委棄ヲ行フ前ニ船舶ヲ賣却セハ此

レニ因テ該權消滅スト云フニアリ然レ𪜈玆ニ船舶ノ航用ニ適セサル
ヲ事由ト爲シ全損ヲ要求スルニ當リ保險者ハ總テ必要ナル修復ヲ擔
當シ以テ委棄ヲ止ムル事ヲ得ヘシト云フモノアレ𪜈假リニ此說是ナ
リトシ保險者ニ其負擔ヲ爲サシムル事ハ被保險者ニ於テ船舶ヲ賣却
セサル前ニ爲サヽル可ラスト吾輩モ此說一理アリトス現ニ馬浬朱些
斯州ノ高等裁判所ニ於テ此主旨ノ裁判ヲ爲シタル而已ナラス紐育州
ノ判決例ニ於テモ嘗テセントルヨリ合衆國保險會社ニ係ル緊要ノ事
件ニモ是ト同一ノ裁判ヲ與ヘタル事アリシカ覆審裁判所ハ斷然其裁
判ヲ破毀シタリ當時本州(紐育州)ニ實行スル法律ハ判事ストーリー氏
ノ說ヲ採用スルニ付委棄ノ權ハ保險者ト被保險者ノ間ニ隨意ニ移轉
シ得ヘキニ非ラス其權利一度正當ニ成立シタル上ハ保險者ノ所爲ヲ
以テ其執行ヲ防遮スルヲ得サルモノト制定シタリ

余輩ハ船主ニ於テ船舶ノ修復ヲ擔當シタレハトテ直チニ本訴ノ委棄權ヲ消滅スルモノト爲サヽレ𪜈若シ船長其修復ヲ加ヘ航用ニ供スルニ充分ナラシメタル以上ハ該權ヲ消滅スルモノト爲サヽル可ラス然𪜈其修復ハ只一部分ニシテ證據上ヨリ推究スルニ本訴ノ船舶ハ尚航用ニ適セサル而已ナラス其實況ニ於テモ修復ヲ加ヘタル事ナシ故ニ本船ハ當然委棄シ得ヘキ事、疑ヲ容ルヘキ所ナシ

而テ船舶抵當ヨリ生スル先取權ノ事ニ付船舶委棄ノ障碍ト爲ルヤ否ノ疑問ハ本訴ノ狀況ニ關シ敢テ論究ヲ必要トセス

若シ正當ニ航海ヲ廢棄セハ船舶ノ賣却モ亦正當タル事明カナリ故ニ此場合ニ於テ被告人カ全損ノ要償ヲ爲サント欲セハ船舶賣却代金ノ總額ヨリ必要ノ費用ヲ引去リ其殘餘ヲ救助賞金トシテ被告人ノ所有ニ歸セシムルニ方リ是ヨリ前ニ爲シアル船舶抵當證書ノ効力ハ毫モ

障碍ヲ來タスノ理由ト成ラナルナリ況ンヤ船舶抵當ニ起因シテ生シタル分損ノ金額ハ被告人ヨリ完償シタル事證據上明白ナルニ付若シ被告人ニ於テ全損ノ補償ヲ負擔セハ其金額決算ノ上前述ノ救助賞金ヲ受領スヘキ權利アルモノトス
斯ノ如ク被告人ノ故障ヲ擯斥シタル上ハ公平ヲ維持セン爲メ船舶保險證書ノ訴訟ニ於テ再審ノ必要ヲ主張セサル可ラス故ニ若シ其理審上全損ノ償ヲ得ヘキ原告人ノ權利卽チ本訴ノ船舶ヲ賣却シタル時其修復ニ必要ナル資金ヲ募集シ得テ之レカ修復ヲ爲ス迄港内ニ碇泊シタランニハ現ニ損失ノ生セン事ヲ推量シ得ヘキ乎果シテ推量ヲ下タシ得ルモノトセハ其推量ハ保險ヲ爲サヽル深慮アル船主カ斷然其修復ヲ止メテ航海ノ廢棄ヲ決定スルカ如キモノナルヤ否ノ疑問ハ陪審ノ答辯ヲ要スヘキモノナリ

貨物、船賃其他保險證書ヨリ起ル疑問ニ付テハ玆ニ長々辨スルモ裨益ナキニヨリ要點ヲ簡畧ニ左ニ辨明セン

原告人カ本訴ノ船舶ニ對シ全損ノ償ヲ得ヘキ權利ハ已ニ定立シタリト雖本訴ニ證明シタル事實ヲ以テ貨物全損ノ償ヲ得ヘカラサル事明瞭ナリトス抑貨物ハ賣却スルヲ以テ損失ト看做シ且其損失ハ唯賣却所得金ノ純益ヲ計算シ幾分ノ減額アルモ之ヲ全損ト爲ス可キハ當然ナリ然𪜈本訴ノ貨物損失シタル近因ハ特ニ賣却ニ在リテ船長權越ノ所爲ニ非レハ保險證書中ニ含蓄スル危難ト爲ス可ラス縱シヤ其賣却保險契約ヨリ來タス危難ノ結果トスルモ其結果ハ遠因且偶生ノ事項ニシテ直接ニ生スル緊要ノ結果ニ非ルナリ又貨物ハ損傷ノ爲メ直ニ賣却スルヲ得サルモ船舶ノ修復費ヲ募ルニ際シ賣却スル事ヲ得果シテ然ラハ法理ト判決例ニ悖戾セサル限リハ貨物保險人ハ貨物ニ讓ス

損失ニ對シ責任ヲ有スルモノト爲スヲ得ス況ンヤ保險契約書ノ文詞ト其精神トニ據レハ斯ノ如キ事項ヲ損失ト看做サヽルニ於テヲヤ殊ニ法律ハ先例ニ違背セサル判決ニ據テ制定シアルニ付余輩ハ其判例ニ據テ確定セシ原理ヲ本件ニ適用スルヲ得サルノ分界アルモノト了知セサルナリ前條ニ述ル如ク本訴ノ船舶バルパレイソー港ニ到着シタル時船長ハ必要ノ資金ヲ得サリシニ付當時ノ損失ハ既ニ自棄全損ナリキ故ニ當時若シ船舶ノ委棄ヲ行ヒナハ其効力此時既ニ成立ツモノトス而テ斯ノ如ク其効力既往ニ及フ以上ハ其當時ニ貨物並ニ船舶ノ賣買ニ關スル船長ノ所爲ヲ被告人ノ代理人ト看做サヽル可ラス然レ𪜈船長ト保險者トノ權利及ヒ位置ニ關スル見解ニ至テハ吾輩同意ヲ表スルヲ得ス何トナレハ船長カ航行ニ必要ナル資金ヲ募集シ能ハスシテ航海ノ廢棄ヲ決定シタル迄ハ原告人ノ代理人トシテ航海ヲ遂ケ

原告人ノ利益ヲ計ラントノ目的ニテ諸事ヲ理治シタルニ相違ナカル可シ故ニ其時迄ハ原告人ニ船舶委棄ノ權ナキニ付隨テ自棄全損ヲモ生ス可キモノニ非レハナリ因是觀之船長カ貨物ヲ賣却シタルハ法律上原告人指揮シテ爲サシメタルモノト同一ノ効力アリ

原告人ニ於テ本訴ノ船舶ハ嘗テ修復ヲ加ヘタル事ナキト貨物ヲ指名港ニ運搬スルニ傭船ヲ得サリシヨリ貨物ハ其實保險アル危難ニ原因シタル損滅ト看做スモ敢テ不當ニアラサル旨ヲ陳供セリ又被告人ハ原告人ノ代理人タル船長ハ本人ノ命令ヲ待テ賣却ス可キ貨物ヲ委棄前ニ賣却セシハ不當ト論難シタリ此爭論ヲ論究スルニ若シ本訴ノ貨物ノ損失保險外ノ危難ニ原因セサレハ必ス保險アル危難ヨリ損失ヲ來タス可シ故ニ此場合ニ方リ保險者ニ其損失ヲ負ハシムルハ如何ナル理由アリテ然ラシムルヤ余輩解シ能ハス例ヘハ貨物ヲ保險スル時

戰時捕拿ノ損失ハ其責ナシト約セン乎若シ其貨物敵國ノ爲メ掠奪セラルヽモ其貨物ヲ積載スル船舶ハ其難ヲ遁カレテ歸航中海難ニ遇ヒ沈沒スルモ余輩ハ該貨物敵國人ニ收奪セラレサレハ船舶ト共ニ損失シタルヘシトノ理由ヲ以テ貨物ノ保險者ニ對シ全損ノ要償ヲ得ントノ訴訟ハ到底成立セサルモノト信ス

第三位ノ人船主又ハ保險者ニアラサル者貨物ノ所有者タル時貨物ヲ賣却セラレナハ船主タル原告人ニ對シ直接ニ該補償ヲ訟求ス可キ權利アリ而テ其訴權ハ終ニ航海ヲ廢棄シタルモ決テ其權利消滅ス可キモノニ非ス如何ナル事件ヲ論セス貨物ノ所有者ハ其保險人又ハ船主ニ對シ損失ノ償ヲ要求ス可キモノト假定セン乎斯ノ如キ自撰權ヲ被保險者ニ與フル塲合ニ於テ保險者ヨリ其損失ヲ償ヒナハ其保險者ハ船舶及ヒ船主ニ對スル諸權利ハ被保險者即チ荷主ニ代ハル可キモノトス然𪜈本件

ノ如キ船舶及貨物ノ所有者ハ同一ノ人ニメ自カラ貨物損失ノ償ヲ受ク可キ者ナルニ付如何ンソ損害ヲ保險者ニ求ルヲ得ヘケンヤ此ノ如キ場合ニ其要償ヲ許ルサハ大判事テンマン氏ノ言フ如ク道理ニ悖戻スル而已ナラス笑フ可キノ至リナリト實ニ此嗤笑スヘキ迂遠ノ訴訟ヲ避ケント欲セハ必ス斯ノ如キ要償ヲ採用ス可キ者ニ非ルナリ
原告人カ貨物全損ノ要償ヲ爲スハ到底相立タサルモ全ク損失ノ莫カリシ者ト看做スヲ得サルニ付巨額ノ分損ハ償ヲ得ヘキ者トス現ニバルパレイソー港ニ於テ貨物陸揚ケノ時大破損アリシ事ハ認ルニ足ルモ其損傷ハ幾許ナリシヤ又其損失ハ保險アル危難ヨリ生シタルヤ否ハ分明ナラサル而已ナラス本訴ト共ニ余輩カ之ヲ決ス可キ手段ト權カヲ有セサルナリ故ニ此疑問ヲメ陪審ニ相當ノ判決ヲ爲サシメンニハ貨物及ヒ船舶保險證書ニ關スル訴訟ノ再審ヲ許ルス可キ者トス

上來辨明スル理由ナレハ船賃保險證書ニ關スル原告人ノ訟求卽チ要償ノ旨意ハ相立タス何トナレハ船賃ノ損失ハ全ク船長カ自カラ貨物ヲ賣却シタル所爲ニ歸ス可キモノナレハナリ且其損失ハ假令全部ナルモ貨物ノ損失ト均シク保險アル危難ノ結果ニ非ラス其所以ハ紐育港ヨリバルパレイソー港迄ノ船賃ハ船長カ其由テ生スヘキ貨物ヲ賣却シタル爲メ消失シタレハナリ況ンヤ本訴ノ船舶ニ修復ヲ加ヘタランニハバルパレイソー港ヨリ指名港ニ達スル航海ニ於テ幾許ノ船賃ヲ得タルヘシトノ證憑ナキ而已ナラス此等ノ事ハ藉テ口實タニ爲サヽルニオイテオヤ

前條々ノ理由ナルニ付原告人ニ於テ若シ要償ノ權利アラハ則チ其得ヘキ要償ヲ全損ナリト雖果シテ其權利アルヤ否ノ疑問ハ前條ノ如ク原告人ニ其權利ナシト判決シタルニ付今後再審ヲ許スモ此判決ト同

一ノ結果ナルニ依リ到底再審ヲ無益ナリトス云云

船舶抵當ノ事

第百二十三項　船舶抵當トハ如何ナル事ヲ謂フ歟

船舶抵當トハ定期又ハ臨時航海ヲナスニ方リ船舶ヲ抵當トシテ金員借入ノ契約ヲ謂ナリ之ヲ換言セハ債主ハ船舶ノ海上危難ヲ負擔ス可キ義務アリ故ニ其貸金ニ對シテハ非常ニ高利ヲ貪ルモノナリ

第百二十四項　船舶抵當ノ契約ヲ有効トナスニ必要ノ條件ハ如何其契約ハ制限外ノ利子ヲ付スルヲ以テ若シ船舶損滅セハ債主ハ貸金ノ元利ヲ損失セサル可ラス

第百二十五項　如何ナル場合ニ於テ船長ハ船舶ヲ抵當トナシ得可キ歟

船長ハ航海中船舶救難ノ爲メ又ハ行航ノ爲メ資本ヲ要スル場合若ク

ハ實際ノ情況ヨリ船舶ヲ抵當トナスハ資本ヲ得ルニ至當ノ方法ト認ム可キ時船主ノ所在地ト隔絶シ其指揮ヲ待ツノ猶豫アラサルカ又ハ指揮ヲ請フニ不便利ナル時ハ船主ノ明許又ハ默許アルモノト看做シ之ヲ抵當トナス事ヲ得

判事ストリー氏ハ本問ノ趣旨ニ付テ卓絶ノ說明ヲナセリ曾テ「フホルチユウト」號ノ船長哥留哥多ニ於テ修繕費ノ爲メ船ヲ抵當ト爲シ金員ヲ借入タル事アリ然ルニ船主ハ其處置ニ不服ヲ鳴ラシタル理由ハ實際修繕ノ必要ナラサルニ修理ヲ加ヘシハ全ク船長ノ淺慮ニ出テタルモノト言ヒ借用金償還ノ義務ヲ拒絶セリ當時判事ストリー氏論シテ曰ク船長ハ船主ノ居サル外國港ニテ船舶ノ修繕其他船ノ需用品ヲ得ルニ付船主ノ總理代理人ト認ム可キハ今日ノ輿論ナリ然氏其代權無限ト謂フニ非ス航海中ノ情況ニ據リ船舶ニ欠ク可ラサル

修繕其他需用品ヲ得ルヲ限界トセサル可ラス而テ其修繕ヲ爲サヽルヲ得サル場合ト船舶ヲ抵當ニ爲サヽルヲ得サル場合トノ區別アリ蓋シ船舶ヲ抵當ト爲ス可キ事ハ修繕ヲ爲サヽルヲ得サル時ニ限ルモノニ非ス修繕費支拂ニ際シ適當ノ資本ヲ得ン爲メ抵當ト爲サヽルヲ得サル事アレ圧船長カ以上ノ處置ヲ施スハ船舶ニ最大必要若クハ非常ニ切迫シタル場合ニ方リ船ヲ抵當ト爲スヨリ他ニ資本ヲ得ル便益ナキ時ニノミ爲スノ自由アルモノト察知セサル可ラス云々

第百二十六項　船舶損滅セハ之ヲ抵當ニテ貸與シタル元利金ハ債主ノ損失ナル歟

然其船舶若シ損失セサレハ假令貸金ノ元利金制限利子ニ超過スト雖債主ハ契約書ノ明文ニ據リ其元利金請求ノ權利アリ

第百二十七項　船舶抵當ト貨物抵當ノ區別ハ如何

一ツハ船舶一ツハ貨物ニ關スル貸借金ナリ故ニ貨物ナル時ハ借用金ノ義務負債主ノ一身ニ止マリ船舶ナル時ハ負債主ノ義務船舶、諸機械其他負債主ノ身上ニマテ辨償ノ義務ヲ負荷セシムル事アリ而テ船舶ヲ抵當ニ取リタル債主ハ假令貨物ニ毀損ノ憂アルモ貸金ニ毫モ影響ヲ來タサス然レモ貨物ヲ抵當ニ取リタル者ハ假令船舶損滅スルモ貨物安全ナラハ貸金ノ償却ヲ受クルニ妨ケナキモノナリ

第百二十八項　其他ノ事項ニ付船舶抵當ト貨物抵當トノ契約法ニ別段殊ナル所アラサル歟

然、船舶抵當ノ契約ニ適用ス可キ諸規則及ヒ諸判決例ハ貨物抵當ノ契約ニモ適用シテ可ナリ

第百二十九項　船舶ヲ抵當ト爲シ貸與シタル債主ノ負擔ス可キ海上危難ハ如何ナルモノ歟

一般ニ其契約證書ニ記載アル條件ヲ謂フナリ而テ其條件トハ保險契約證書ニ保險者カ負擔スル所ト殆ト同一ナルモノナリ

第百三十項　船舶及ヒ貨物抵當ノ契約ニ關シ更ニ保險契約ヲ爲ス事ヲ得ル歟

保險契約書ニ明記アル以上ハ保險契約ヲ爲ス事妨ケ勿ル可シ

第百三十一項　貨物ヲ抵當ト爲ス可キ船長ノ權力ニ關スル規則ハ如何

倘シ船長資金ヲ有セサル時之ヲ獲ンニ非常ノ利子ヲ付スルノ契約ヲナスニ非レハ他ニ獲ルノ手段ナキ時船舶其他將サニ得可キ貨物ノ船賃ヲ抵當トナス事ヲ得倘シ其船賃ニテ不足セハ仍ホ貨物ヲ抵當ト爲シテ妨ケナキモノナリ

第百三十二項　船長外國港ニ於テ船舶ヲ賣却シタル時ハ前ニ之ヲ抵

當ト爲シアル契約ハ自然消滅ス可キ歟
否、某船ノ船長巴比亞ニ於テ船舶ヲ賣却シタルモ前ニ其船ヲ抵當ト爲
シ借入タル金員ハ英國ニ歸帆ノ後返還ス可キ旨ノ裁判ヲ受ケタル事
例アリ

第百三十三項　船舶及ヒ貨物ヲ抵當ト爲シ金員ヲ借用シタル者ノ權
利ハ如何

船舶及ヒ貨物ノ抵當主ハ通常品ノ質入主ノ如ク其典物ニ關シ常ニ保
險セシム可キ權利ヲ有ス而テ通常品ノ質入主ト船舶及ヒ貨物ノ抵當
主トノ區別ハ他ニアラス卽チ通常品ノ質入主ハ抵當品損滅スルモ負
債償還ノ義務ハ消散セス然圧船舶及ヒ貨物ノ抵當主ハ其抵當品ノ消
滅ト共ニ借用金返償ノ義務ヲ免ルトノ岐チアリ故ニ船舶ノ全價ヲ以
テ抵當ニ充テタル時ハ債主ニ於テ海上危險ヲ負擔スルニ付船舶ノ抵

當主ハ船ノ安否ニ毫モ懸念ヲ有セサルナリ何者船舶無難ナル時船舶ヲシテ負債償却ノ資財ニ充テ若シ海難ノ爲メ損滅セハ負債償却ノ義務ヲ免カレハナリ由是觀之船舶ヲ抵當ニ爲シ金員ヲ借入タル者ハ借用金ノ殘價即チ剩餘ノ船價ニ付テハ尚利害ヲ有スルヲ以テ之ヲ保險セシムル事ヲ得

是故ニ船主船舶ヲ抵當ト爲シ其船價ニ超過スル金額ヲ借入レナハ債主ニ於テ海上危難ヲ負擔スルニ付其船舶ノ保險ヲナス可キ權利ヲ有セサルトノ判例アリ

英國若日《ジョルヂ》王第二世第十九年布告第三十七章ノ主旨ニ東印度ノ航海ニ從事スル船舶及ヒ其船舶ニ船載ノ貨物ヲ抵當ト爲シ金員ヲ借入タル者ハ抵當品ノ餘價ニ付保險ヲナス權利アルモノト規定シアリ

第百三十四項　船長ハ船舶ト共ニ船主一身ノ信用ヲ抵當ニナス事ヲ

得ル歟

船長ニ於テ爲ス事ヲ得ス而テ船主ハ船舶抵當ノ契約ヨリ生スル義務ヲ一身ニ負擔セサル事ハ現時判例ノ明示スル處ナリ

第百三十五項　船主ニ負債アル者ハ船舶ヲ抵當トシテ其船長ニ金員ヲ貸與スル事ヲ得ル歟

否、何則負債者ハ船主ニ對シ其負債ヲ消還セハ可ナリ何ンソ船舶ノ抵當ヲ要センヤ然圧若シ其負債高貸與ス可キ金員ヨリ寡額ナル時ハ其餘額ニ對シテ船舶ヲ抵當トナス事ヲ得

第百三十六項　船舶抵當ノ契約ヲ爲スニ定式アル歟

其定式アラスト雖時ニ依リ押印證書、賣渡書其他ノ書式ニ依准スル事アリ然圧該契約書ニハ必ス借入ノ金額、年月日、利息、船名、航路、債主ノ負擔ス可キ海難及ヒ船舶ヲシテ負債償還ノ抵當トナス旨ノ數ケ條ハ明

記セサル可ラス就中緊要ナル條件ハ海難ニ關スル事變ノ責任ハ債主ノ負擔タル事ヲ貸借證書ニ掲載セサル可ラス倘シ其掲載ナキ時ハ債主ヲ高利貸ト看做シ船舶抵當ノ契約證書ヲ無効トナスナリ左ニ該契約ノ書式ヲ掲示ス

第百三十七項　船舶抵當證書ノ式

吾人ハ此證書ニ依テ知ル可シ余ハ當時合衆國ボルジニヤ州ノルフヲルク及ヒボルツマウス港ニ繫泊スル英國龍動府ノ商艦ロッチエストル號ノ船長ニシテ余及ヒ龍動府ノ商人船主某ノ爲ニ合衆國マリーランド州ノ覇𡋽摩府ノ商人丙某ヨリ借用シタル若干弗ハ必ス丙某又ハ其相續人或ハ遺囑者、管財人若クハ此等ノ代人ニ返償ス可シ萬一違約セハ違約金トシテ壹萬弗ヲ可差出旨堅ク茲ニ締約ス且余ハ勿論余ノ相續人、遺囑者其他財産管理人ニ於テ返濟ノ義務ヲ負フ事ヲ證スル爲

メ余ハ何年何月幾日自筆ヲ以テ左ノ事項ヲ記シ且調印スルモノナリ
一、船長ハ「ロッチエストル」號ヲ抵償ニテ丙某ヨリ五千弗ヲ借用ス而テ本金ニ對シ「ノルフヲルク」及ヒ「ポルツマウス」港ヨリ「龍動」マテ航海中二割ノ利子ヲ付ス可キ契約ナリ抑此借金ハ「ロッチエストル」號カ航用ニ適セサルニ付之ヲ修繕スル爲ニ航海中此港ニ入津シタルハ本船ノ破損ト其修繕費ヲ得ルニ他ニ手段ナキトニ原因ス將又本船ハ借用金ノ抵當ト爲スモノナリ而テ本船カ「龍動」迄歸航中ハ航路内ノ諸港ハ勿論假令港ニ非ル地方ニ立寄ルモ船舶ノ欲スル所ニ任スルモノナリ
此契約證書ニ依テ丙ハ河海ニ起ル通常ノ危難、敵國ノ掠奪、火災其他海賊等ノ禍害ヲ負擔スルモノトス又船長ハ借用金返濟ノ方法ヲ鞏固ニセン爲メ抵償品トシテ本船及ヒ小艇其他本船附屬ノ船具一切ヲ書入ル、而已ナラス元利金返濟マテ本船ヲ如何ナル用ニモ供セサル事ヲ

盟約ス
今此契約ヨリ生スル義務ノ條件ハ左ノ如シ
義務者卽チ船長及ヒ其相續人、遺囑人、管財人ハ此證書ノ元金ヲ「ロッチエストル」號カ龍動提武川ニ到着後十日以内ニ丙又ハ丙ノ代人、遺囑者若クハ其管財人ニ必ス償却ヲ爲サシムルノ義務アリ倘シ航海中「ロッチエスト」號損滅セハ以上ノ義務ハ無効ト爲ル可キモノナリ此ニ同一ノ證書三通ヲ製シ調印ス但其内一通ヲ履行セハ他二通ハ廢紙ニ歸ス可キモノトス

何號　船長　姓名　花押

此證書ハ證人何ノ誰二名ノ面前ニ於テ姓名ヲ手署シ且花押ヲ爲シ授受ス

第百三十八項　荷受人ノ撰擧シタル船長ハ其荷受人ニ船舶抵當ノ證

書ヲ差入ルヽ事ヲ得可キ歟
第一船長撰擧ノ必要ナル事、第二船舶ヲ抵當ト爲シ金員借入ノ必要ナル事、第三取引ノ公平ナル事、確定セシ上ハ船長ヨリ其荷受人ニ差入レタル證書ノ効力ニ對シ故障ス可キモノニ非ス
第百三十九項　船長ハ外國港ニアラサル他ノ港ニ於テ船舶ヲ抵當ト爲ス事ヲ得可キ歟
内國港ト外國港トノ區別ハ唯船長所在地ト船主所在地間ノ通信ノ便否ニ依ル故ニ通信便利ナル時ハ之ヲ爲ス事ヲ得テ政府ノ異同ニ關係ナシトノ判例アリ
「ゼ子ラル、スミス」號及ヒ「シント、ジヤコデギウバー」號事件ノ判例ニ據レハ船長ニ於テ船舶修繕ノ必要ヲ感シ資金ヲ得ル手段ナキ時ハ假令船籍ノアラサル港ト雖之ヲ抵當ニ爲スノ權アリト又ビルジニヤ州ノル

フヲルク港所轄ノ船舶ハ紐育港ニ於テ船主ノ代理人アラサル時之ヲ抵當ト爲シ金員ヲ借入ル事ハ船長ノ權內ナリトス然𪜈此等ノ塲合ハ船長ノ掌中ニ充分資金ヲ有セサルカ又ハ船主一身ノ信用ヲ以テ金策シ能ハサル時ニ限ルモノトス

第百四十項　船舶抵當ノ契約ヨリ起ル訴訟ニ關シ原告人ノ證明ス可キ事項ハ如何ナルモノ歟

原告人ハ船舶抵當證書ノ外ニ左ノ事項ヲ證明セサル可ラス第一原告人ノ請求金ハ實際貸與シタル事、第二其貸金ヲ以テ船舶ヲ修繕シタル事、第三修復ス可キ船材ヲ買整タル事、第四修繕ハ航海ヲ爲スニ必要ナル事、第五船舶ノ安全ヲ計ルニ必要ナル事、第六修繕ヲ爲スニ船舶ヲ抵當ト成スヨリ他ニ良策ナキ事以上ノ條件ヲ裁判官ニ於テ判定セシムル爲メ通常提供スル所ノ證據ト共ニ明細書ヲ呈出セサル可ラス

第百四十一項　船舶抵當證書ノ一部分ヲ有効ト為シ他ノ部分ヲ無効ト為シ得可キ歟

然裁判官ハ常ニ有効ノ部分ノミヲ受理ス可キモノナリ

第百四十二項　船舶抵當ノ貸借金ト無抵當ノ貸借金トノ緊要ナル區別ハ如何

無抵當ノ貸借金ハ假令船舶損滅スルモ債主ニ損害ヲ來タサス然レ圧船舶抵當ノ貸借金ハ海上危難ヲ債主ニ負擔セシメ而テ該金ノ償還ヲ受ク可キ債主ノ權利ハ單ニ船舶ノ安着スルト否トニ歸スルモノナリ

第百四十三項　船舶抵當ノ貸借金ニハ必ス利息ヲ附ス可キ歟

然、而圧其證書ニ利子ノ明記ナキ時ハ元金中ニ包含シタルモノト推測シテ可ナリ

第百四十四項　船賃ヲ船舶ト共ニ抵當ト為シタル時ハ航海中ノ總船

賃ヲ包含シタルモノト爲ス可キ歟
然抵當證書授受後ノ船賃ノミニ限ラサルナリ
第百四十五項　船長又ハ船主ノ信用ヲ以テ金員ヲ借入レ航海ヲ爲シタル後船長ハ負債ノ保證ニ船舶ヲ抵當ト爲ス事ヲ得可キ歟
否、船舶ヲ抵當ニ爲ス事ハ法律上現任ノ船長ニ限ルモノトス故ニ信用借ヲ爲シタル船長未タ其金員ニ對シ船舶抵當證書ヲ差入レサル前其職ヲ辭シテ他ノ船長之ニ代リタル時ハ後ノ船長ニ於テ前ノ借金ニ對シ船舶ヲ抵當ト爲ス事ヲ得ス若シ之レアル時ハ其抵當證書ヲ有効トス
第百四十六項　船長ハ荷主ノ金員ヲ所持スル時船舶ヲ抵當ト爲ス前之ヲ船舶ノ用度費ニ充ツル義務アル歟
否、然圧其金員修繕費ニ超過セサル以上ハ法律上使用スルトセサルハ

船長ノ隨意ト爲シタリ

衝突ノ事

第百四十七項　瀛船ヲ以テ帆船ヲ曳キ帆船ノ進退ヲ瀛船ニ放任シタル時衝突シテ他船ヲ毀損シタル賠償ハ帆船ノ持主ニテ負擔ス可キ義務アル歟

其衝突瀛船ノ船長及ヒ其水夫ノ怠慢ヨリ生シナハ帆船ノ持主ニ其損害ヲ償フ可キ義務ナカル可シ

第百四十八項　衝突事件ニ關シ原告船ノ證明ス可キ條目ハ如何ンノ事柄ナル歟

原告ハ自船ニ不注意ナクシテ被告船ノ怠慢タル事ヲ證明セサル可ラス

第百四十九項　衝突ヨリ起ル損失唯一方ノ過失ニ原因シタル時ノ法

則ハ如何

合衆國ニ於テハ一定ノ成規ナシ故ニ過失アル船舶持主ノ責任ハ一般ニ海上法ニ據ル可キモノニシテ其法ニ據レハ船主ハ恰カモ物品廻漕者ノ名代人ノ所爲ニ過失アリテ本人カ其責任ヲ負荷ス可キ時ト同一ノ理ニ由リ船主モ亦財産ヲ擧テ賠償ヲ爲ス可キ義務アルモノナリ且損害ヲ被リタル者ハ代人ニ信用ヲ置カサル而已ナラス代人ノ所爲ヲ監督スル事ヲ得サルカ爲メ其本人ニ對シ損害要償ヲ爲ス者ナリ

第百五十項　双方ニ過失アル時ノ法則ハ如何

雙方ニ相當ノ注意ト熟練トヲ欠キタル時ハ法律ニ於テ兩船ノ損失ヲ平等ニ爲サシムルナリ

「スシナト」號衝突事件ノ判例中ニ若シ一方ノ過失ヨリ衝突セハ其船主ニ於テ都テ損害ヲ負擔セサル可ラス然ﾚﾄﾞ其衝突雙方ニ過失アルカ又

ハ何レニ過失アルヤ否ヤ明瞭ナラサル時ハ衝突ヨリ起ル損害ヲ雙方ノ間ニ其負擔ヲ一樣ニ爲ス可キモノトセリ而テ一樣ニ爲ス方法ハ船價ノ異同ニ拘ラス兩船ノ損害ヲ併合シ更ニ折半スルニ在ルナリ

第百五十一項　舷燈ニ點火スル規則ハ如何

海上法ノ通則ニ依レハ川港ノ航路ニ繫泊スル事ハ止ヲ得サル時ニ限リ爲スノ權利アリト雖夜間ハ舷燈ニ點火ス可キ義務アリ

暗夜檣燈ニ點火ス可キ規則ノ事ニ關シ嘗テカスリーヨリホワイトニ係ル訴訟事件ノ裁判ノ主旨ニ依レハ檣燈ニ點火ス可キ事ハ一定ノ習慣アラス故ニ檣燈ニ點火セサル事ハ事件ノ摸樣ニ據リ或ハ重大ノ怠慢ト爲シ或ハ否ラスト爲ス事アリト然レﾄﾞシンプソンヨリハントニ係ル訴訟ニ於テペンシルバニヤ州ノ大判事某曰船舶川港ニ繫泊中夜間檣燈ニ點火ス可キ事ハ商業汪盛ノ塲所ニ在テハ欠ク可ラサル注意ニ

シテ且ツ檣燈ニ點火セサルモ之ヲ怠慢ト看做サヽル理由ヲ見出サス云々ト

第百五十二項　偶然ノ衝突ヨリ船舶及ヒ貨物ニ被リタル損失ハ共擔損失ナル歟

合衆國ノ法律ニ於テハ特擔損失ト爲セリ

第百五十三項　損害ヲ受ケタル船舶ノ船長及ヒ水夫ニ怠慢アリシ事ヲ證明ナキ時ハ保險者ニテ其損害ヲ償フ可キ歟

然保險者ハ損害ヲ被リタル船主ヲシテ加害ノ船主ニ對シ損害要償ノ起訴ヲ爲サシムル事ヲ得ス然氏若シ保險者被害ノ船主ニ損害金ヲ償ヒナハ其訴訟權保險者ニ移轉ス故ニ此場合ニ於テハ行害者ニ對シ其賠償ヲ求ル事ヲ得

第百五十四項　保險付ノ船舶ニ乘込ミアル船長及ヒ水夫ノ怠慢若ク

ハ此等ノ過失ニ據リ他船ト衝突セハ其損害賠償ハ保險者ノ負擔ス可キモノ歟

凡ソ船舶ハ完全ノ船長ト水夫ヲ乘船セシメアルモノニシテ且此等ニ惡意又ハ不正ノ所爲ハ斷シテアラサルモノト爲ス可キモ夫ノ怠慢又ハ過失ヨリ生スル損失ヲ保險者ニ於テ明カニ保險シタル時ハ其損失ヲ償フ可キ義務アリ

第百五十五項　保險付ノ甲船ニ乘込アル船長其他海員ノ怠慢若クハ此等ノ過失ヨリ衝突シテ乙船ノ船體及ヒ貨物ニ損害ヲ加ヘタルカ爲メ甲船ノ持主其損害ヲ賠償セハ保險者ハ其賠償金ヲ甲船ノ持主ニ補償ス可キ義務アル歟

保險者ハ保險ヲ爲セシ甲船ノ被リタル損害ノミヲ償フ可キ義務アリト雖乙船ノ被リシ損害ヲ補償スルノ義務ナカル可シ

第百五十六項　船舶反對ノ向ニ於テ互ニ出遇タル時ノ航海法ハ如何」

若シ衝突ノ懼レアル時ハ右舷ニ進スム船舶ハ其航路ヲ維持シ左舷ニ行ク船舶ハ風ニ向テ航路ヲ採ル可シ

第百五十七項　船舶入港ノ時如何ンノ義務アル歟

碇泊船ニ衝突ヲ避ケン爲メ夜中ハ見張番トシテ甲板上ニ最モ精練ノ水夫一名ヲ置クノ義務アリ而テ此見張番ノ事ニ關シテハ「ジヨルヂ」號ノ訴訟事件ヲ參觀ス可シ

第百五十八項　夜中見張番ヲ置クニ適當ノ場所ハ船中那處ナル歟

之ヲ置クニ水先人ノ部屋ヲ適當ノ場所ト爲サス常ニ警戒ニ嚴カナル見張番ハ船首ニ佇立セシムルカ又ハ他船ノ接近ヲ觀察スルニ便利ナル場所ニ在リ故ニ斯ノ如キ注意ヲ爲シタル船ハ夜間如何ナル事變ヲ惹起スモ不注意ノ責ヲ免ル可シ

第百五十九項　船舶不適當ノ塲所ニ碇泊スル時ノ規則ハ如何

若シ船舶川港ノ通路ニ於ケルカ如キ不適當ノ塲所ニ碇泊シ他船ト衝突セハ之ヲ恕ス可キ情狀アルニ非サレハ此ヨリ釀モス損害ハ其船主ニ負擔セシメサル可ラス

然𪜈船舶一時止ヲ得ス航路ニ碇泊ス可キ事由アルモ其事由消滅セハ直チニ其塲所ヲ去ラサル可ラス故ニ此處置ヲ等閑ニ付シ他船ト衝突セハ其責ヲ免カル事ヲ得ス又各船航海中ニ碇泊船ヲ目撃セハ碇泊所ノ航法ニ違背スト否トニ拘ハラス衝突ノ豫防ヲ爲シ得可キ限ルハ之ヲ避ク可シ

第百六十項　衝突ノ過失孰レニ在ルヤヲ判定スルハ陪審役ノ職權ナル歟

然、

第百六十一項　帆船ニ關セル一般ノ定則ハ如何

順風ヲ受クル帆船ハ他船ノ航路ヲ避ク可キ義務アリ然圧若シ兩船順風ニアラサル風ニテ右舷ニ進航スル帆船ハ右舷ニ行キ互ニ船ノ左側ヲ見テ通過ス見シ又風ヲ眞横ニ受ケタル二艘ノ帆船出會セハ是亦互ニ船ハ左側ヲ見テ進行ス可キ方法ニ舵ヲ採ラサル可ラス

第百六十二項　滊船ノ注意ス可キ規則ハ如何ナルモノ歟

眞向ニ進行スル二艘ノ滊船接近シテ衝突ノ懼レアル時ハ互ニ船ノ左側ヲ見テ進行ス可キ方法ニ舵ヲ採ラサル可ラス

第百六十三項　航路ヲ避クルトハ如何ナル意味歟

航路ヲ避クルトハ船首ヲ遮キルニ非スシテ船尾即チ舳ヲ通航スル事ヲ謂ナリ

第百六十四項　船舶ノ被リタル損害ニ對シ賠償ス可キ金高ハ如何

船舶ノ被リタル損害及ヒ損失ハ皆賠償ス可キヲ通則トス
第百六十五項　然ラハ保險契約ニ行ハルヽ規則卽チ新品ヲ以テ舊品ニ換用シタル時ハ價ノ三分一ヲ減スル規則モ衝突事件ニ適用ス可キ歟
否、保險契約ニ基キ要償ヲ爲スハ元來契約ノ主旨ニ原因ス可キモノト雖衝突ヨリ起ル要償ヲ爲ス主旨ハ准犯罪ニ原因ス故ニ損害ヲ被リタル船舶ハ行害ノ船主ヨリ損害全部ノ賠償ヲ需ル事ヲ得
第百六十六項　船賃及碇泊費ノ損害モ亦要償ヲ受クル事ヲ得可キ歟」
然、而𪜈船賃ノ全額ハ要償ヲ爲ス事ヲ得ス又碇泊費ニ至テハ給料、水先料、荷卸費、噸稅其他ノ雜費ト共ニ要償ヲ受クル事ヲ得
第百六十七項　行害ノ船舶ハ間接ノ損害ヲモ賠償ス可キ義務アル歟」
其船主ハ啻ニ直接ノ損害ノミニ止ラス間接ノ損害ヲモ亦賠償スキモ

義務アリ而テ間接ノ損害トハ行害船ノ所爲ニ原因シテ生シタルモノヲ謂ナリ

第百六十八項　衝突事件ノ訴訟入費ニ關スル法律ハ如何

若シ衝突ノ過失一方ニノミ歸シタル時ハ雙方ノ訴訟入費ヲ負擔ス可シ然𪜈衝突ノ原因雙方ノ過誤ニアラサル時ハ其費用各自辨ナリト雖雙方ニ過失アラハ折半シテ分擔ス可キモノナリ

救助賞金ノ事

第百六十九項　救助賞金トハ如何ナル事ヲ謂フ歟

救助賞金トハ船舶又ハ貨物ノ海難、火災、海賊其他讐敵ニ出遇ヒ將ニ烏有ニ歸セントスルヲ救助シタル者ニ與フル賞金ヲ謂フナリ

判官ストリート氏曰海上ニ於テ遭難品ヲ救助シ又ハ海岸ニ漂着スル物品ヲ救ハン爲ニ費ヤシタル勞力ヲ海上法ニ於テハ救助勞役ト云フ又

ソル、シヨン、ニツコル氏曰救助賞金トハ海上危難ニヨリ物品ノ損滅又ハ損害ヲ被ラントスル時之ヲ救助スル爲ニ盡シタル勞力ノ報酬金ヲ謂ヒ而テ救助者ハ救助品ヲ所有主ニ返還ス可キ義務アリト雖賞金ヲ得ルマテ之ヲ差押フ可キ權利アリト

第百七十項　救助賞金ヲ求ル者ハ實際物件ヲ救助シタル者ニ限ル歟

然假令救助ス可キ意思アルモ又ハ如何ニ救助ス可キノ所爲大膽ニシテ且危險ヲ冒カスト雖其所爲ノミヲ以テ賞金ヲ得ルニ充分ナルモノトセサル可シ

第百七十一項　船舶及ヒ貨物ノ救助者ハ其賞金請求ノ爲メ如何ナル差押權ヲ有スル歟

物件ノ所有者又ハ其委托人海難ノ爲メ物件ヲ拋棄スルカ又ハ之ヲ保護シ能ハサル時其物件ヲ救助シタル者ハ其勞力ニ相當スル賞金ヲ得

ルマテ救助品ヲ差押ル事ヲ得

第百七十二項　救助賞金ニ關スル一般ノ規則ハ如何

救助ニ關スル賞金ノ事ハ英米ノ法律同一ナリ若シ其金額法律ニ明文ナキ時ハ海上法ノ原則ニ據テ斷定セサル可ラス而テ給與ノ金額ヲ定ル事ハ事件ノ摸樣ニ從ヒ隨意ニ處置スル事ヲ得故ニ此事ニ關シ確定ノ法則ヲ設クルハ實ニ至難ナリトス

諸判決例ニ據ルニ救助賞金ハ救助品ノ價額三分一以上乃至半額以內ヲ以テ程度ト爲ス但救助人ノ勞力僅微ナルカ又ハ救助品高價ナル時ハ此限ニ非ス

第百七十三項　貨物拋棄ノ塲合ニ於テ救助賞金ニ關スル一般ノ規則ハ如何

貨物拋棄ノ塲合ニ關スル規則ハ不確定ナリト雖此ニ特別ノ事情アル

ニ非レハ海事裁判所ハ毎ニ救助品ノ半額ヲ以テ至當ノ賞金ト看做セリ然モ場合ニ依リ稀ニ半額以上ヲ給シ或ハ半額以下ヲ與フル事アリ此等ハ皆事件ノ摸樣即チ救難ノ勞力品ノ價額其他救助者カ危難ヲ冒シ使用シタル諸機械ノ價額ニ依リ增減ス可キモノナリ

第百七十四項　如何ナル塲合ニ物件ノ拋棄ヲ爲シ得可キ歟

海上法ニ於テ物件拋棄トハ恢復ノ目的即チ取戻ス念慮ナク物件ヲ棄捨シタル事ヲ謂ナリ

第百七十五項　船舶將ニ沈沒セントシテ船長及ヒ水夫ハ之ヲ委棄シ漂流中他船ニ救ハルヽモ之ヲ以テ拋棄シタル物件ト看做ス事ヲ得ル歟

然、

第百七十六項　物件所有者ノ權利ハ委棄ト共ニ消滅ス可キ歟

否、委棄シタル物件ヲ發見シテ之ヲ救助セント欲スル者ハ宜シク其所有者ト自巳ノ利益ヲ計ラサル可ラス

第百七十七項　物件救助者ハ救難品ニ關シ如何ナル權利ヲ有スル歟

救助ノ意思ヲ以テ物件ヲ掌握シタル者ハ其所有者ニ對シ所持權アリ故ニ其救助者ハ所有者ヨリ賞金ヲ得ルマテ之ヲ差押ル權利アリ玆ニ所持權トアルハ卽チ現ニ物件ヲ保有スル事ヲ謂ナリ

第百七十八項　救助ヲ得ル爲メ一時海上ニ物件ヲ放置シタル時ハ之ニ依テ其所有權ヲ失フ歟

否、

第百七十九項　若シ救助者ニ於テ前項ノ救助品ヲ一時海上ニ放置シタル時ハ其所持權ヲ失フ歟

救助者ハ救助品ニ對シ全ク所持權ヲ得タル上一時其物件ヲ放置スル

モ所持權ヲ失フモノニ非ス但其放置ハ拋棄ノ念慮ナク再ヒ得可キ意思アル時ニ限ル可シ

第百八十項　若シ物件ヲ救助スルニ方リ救助者自カラ危難ニ陷リ他ノ救助者ノ爲ニ其物件ヲ救助セラレナハ第一ノ救助者ハ賞金ヲ受クル權利ヲ失フ歟

否、第二ノ救助者ハ勞力ニ相當スル賞金ノ分與ヲ受ク可シ又第二ノ救助者ハ第一ノ救助者ニ對シ賞金請求ノ權利ヲ拋棄スルニ非レハ助力ヲ爲サヽル旨主張スル事ヲ得ス然モ若シ第一ノ救助者遭難品ヲ救助ス可キ實力ヲ有セサル時ハ傍人ノ援助ヲ拒絶スル事ヲ得ス故ニ此ノ場合ニ於テ遭難品ヲ救ヒタル第二ノ救助者ハ賞金ヲ受クル權利アリ海上ニ拋棄シアル船舶ヲ得タル者港灣ニ之ヲ曳キ歸ラントスル時他人其救助ニ干渉シテ賞金ノ分與ヲ得ント欲スルモ其權利ヲ有セサル

ナリ然𪜈他人ノ援助アルニ非レハ其目的ヲ達スル事能ハサル場合ハ格別ナリトス

第百八十一項　救助賞金ハ如何シテ請求シ得可キ歟

救助者ハ物件所有者ニ對シ賞金請求ノ訴訟中其金額ニ爭論アラハ陪審ノ判定ニ任セサル可ラス若シ物件所有者ニ於テ相當ノ賞金ヲ給與セン事ヲ陳フルニ救助者ハ其金額ニ不滿ヲ戴キ救助品ノ交付ヲ拒マハ所有者ハ物件取戻ノ訴訟ヲ爲ス事ヲ得而テ所有者ノ給與セントスル金額ヲ陪審ニ於テモ亦至當ト認メナハ其物件又ハ其代金並ニ訴訟入費ノ辨償ヲ救助者ニ負擔セシム可シ

第百八十二項　救助勞役ノ要件ハ如何ナルモノ歟

第一救助者ハ暴風ノ時性命ノ危險ヲ顧ミス遭難船ノ乘込諸人ト財產トヲ救援セン爲メ敢テ船ヲ出タス事第二ハ其財產遭難ノ度郎チ當時

救助ヲ得サレハ財產ノ損滅必定ナリシ事第三救助者ノ勞力及ヒ熟練ノ度其他救助ニ消費シタル時間ノ長短第四救助品ノ價額以上四個ノ要件ヲ具備スル時ハ許多ノ賞金ヲ與ヘサルヲ得スト雖其要件中一ヲ虧ケハ僅少ノ賞金ヲ與ヘテ可ナリ故ニ此場合ニ在テハ賞金ト言ヨリ寧ロ償金ト唱フルヲ當レリトス然𪜈尋常ノ勞力ニ對スル償金ヨリ幾分ノ多額ヲ給セサル可ラス

假令救助品ノ嵩ハ最大ナルモ其割合ニ依テ賞金ノ多額ヲ給與スルモノニ非ス然リト雖此事一概ニ論シ難ク事件ノ摸様ニヨリ賞與高ノ增減ヲ判定ス可キモノナリ

第百八十三項　船舶遭難ノ際乘客尋常ノ助勢ヲ爲サハ賞金ヲ求ル事ヲ得可キ歟

否、何則何人ニ限ラス乘客ハ助勢ヲ爲ス可キ義務アリ且之ヲ爲スハ各自ノ利益ナレハナリ然氏遭難ノ時乘客ハ船中ニ止マル可キ義務ヲ有セス避ク可キ機會アラハ自由ニ退去スル事ヲ得蓋シ乘客ハ船舶ノ進退ニ關シ毫モ責任ヲ有セサルカ故ナリ

第百八十四項　若シ乘客救難ノ爲メ非常ニ盡力シタル時ハ賞金ヲ求ル事ヲ得ル歟

然、

第百八十五項　海員ハ如何ナル場合ニ賞金ヲ求ル事ヲ得ル歟

海員ハ普通賞金ヲ求ル事ヲ得スト雖職務外ノ事ニ盡力セハ求ル事ヲ得例ヘハ船舶ヲ海上ニ拋棄セシ時海員ノ内一人船中ニ殘リ救船ニ盡力シタル類ヲ謂ナリ

第百八十六項　二艘ノ船舶遭難船救助ノ爲メ出帆セハ兩船ノ海員ハ救助者トシテ賞金ヲ求ル事ヲ得ル歟

然、假令兩船ノ内一艘ノミ救助ニ從事シテ他船ハ之ニ從事セサルモ共ニ賞金ヲ求ルヲ得

第百八十七項　遭難船ノ船主ハ金額ヲ定メ救助ヲ受ク可キ契約ヲ他船ノ船長ト爲シタル時ハ其契約ハ効力ヲ有スル歟

然、其契約ヲ爲ス時相方共豫知シ能ハサル事變又ハ避ク可ラサル事變ノ起リシ場合ハ此限ニ非ス

第百八十八項　航海中遭難船ニ出會シタル時ハ海上ノ習慣ニ因リ船長ハ救助ノ爲メ配下ノ船舶ト水夫トヲ使役スル事ヲ得ル歟

然、斯ノ如キ場合ニ於テハ假令海員中遭難船ノ甲板ニ移ラサルモ現ニ救助ノ爲ニ准備ヲ爲サハ共ニ賞金ノ分與ヲ受クル事ヲ得

第百八十九項　賞金分與ノ時幾分部ヲ救助船ノ船主ニ與フ可キ歟

通常ハ賞金高ノ三分一ナリト雖若シ非常ニ危險ヲ冒カシ船舶ヲ使用

シタル時ハ三分一以上ヲ與ヘサル可ラス
第百九十項　賞金ヲ拂フ可キ義務者及ヒ賞金ヲ拂フ可キ物件ニ關スル規則ハ如何
現ニ救助ノ利益ヲ受ル物件ハ悉ク賞金ヲ拂フ可キ義務アルモノナリ
第百九十一項　船賃ニ關スル規則ハ如何
救助ノ時既ニ得タル船賃ト將ニ得可キ船賃ハ船舶及ヒ貨物ト共ニ賞金ヲ拂フ可キ義務アルモノナリ
第百九十二項　船舶ヲ拋棄シタル時船中ニ殘シアル船長及ヒ水夫ノ衣服ハ賞金支給ノ義務ヲ負擔シタル物件中ニ包含ス可キ歟
否、其衣服ハ賞金ヲ得スシテ原所有主ニ還付セサル可ラス又溺死シタル乘客ノ懷中金モ亦然リ
第百九十三項　裁判役ハ爲換手形、借用證書、物件所有證書其他緊要ノ

書類ヲ救助シタル者ニ賞金ヲ與フル歟

否、

第百九十四項　救助賞金ヲ受ク可キ事明瞭ナル請求ヲ裁判役ニ起訴シタル時被告人ハ訴訟入費ヲ省カン爲メ他ニ爲ス可キ頁手段アル歟」

既ニ訴訟ノ起リタル上ハ裁判所ヲ經テ原告人ヘ賞金ニ訴訟入費ヲ添ヘ支辨爲ス可キモノニシテ自ラ直接ニ爲ス可キモノニ非ス然レ𪜈裁判役ハ被告人ノ支辨スル金高ノ當不當ヲ判定スルニ方リ若シ其支辨金充分ナリト思料セハ之ヲ肯ンセサル對手人ニ一切ノ訴訟入費ヲ負擔セシム可キモノナリ

第百九十五項　救助者ハ證人タル事ヲ得ル歟

然、何則證人ト爲サヽルヲ得サルモノナレハナリ但證人ト爲スハ救助ノ時ニ關ス事柄ニ限ル可シ

第百九十六項　船舶損傷ノ修復費船價ノ五割ニ超ユル時其船舶ヲ全損ト看做ス場合ニ於テハ船舶及ヒ貨物救助費モ五割ノ計算ヲ爲スニ付之ヲ修復費ノ內ニ包含スルモノト爲ス歟

然、何則遭難船ヲ救助シ而テ其修復ヲ爲スニ便利ナル港ニ廻漕スル費用ハ委棄ノ場合ニ於テ修復費ト同一ニ看做セハナリ(第百七項第百八項ヲ參觀ス可シ)

第百九十七項　貨物ノ救助損失トハ如何ナルモノヲ謂フヤ又其損失ハ如何ンノ方法ニテ分擔ス可キモノ歟

救助損失ト名ケタル所以ハ保險者カ全損ノ場合ニ於ケルカ如ク貨物ノ全損ヲ辨償シ而テ貨物ニ關スル諸費ヲ差引シタル賣却代金若クハ救助賞金ヲ受ク可キ權利アルカ爲メナリ(救助損失分擔ノ計算ニ關スル事ハ第六十八項ヲ參觀ス可シ)

第百九十八項　賞金其他ノ費用莫大ニシテ航海ノ目的ヲ失フタル時ハ被保險者ハ船舶及ヒ貨物ヲ委棄シテ全損ト爲シ保險者ヨリ保險金ヲ求ル事ヲ得ル歟

然（委棄ノ部ヲ參觀ス可シ）

船長及ヒ船主ノ事

第二百項　船長ハ船主ノ總理代人ト看做ス可キ歟果シテ然ラハ船主ノ所爲ニ關シ負擔ス可キ責任ノ程度ハ如何

船長ハ總理代人ト看做ス可ラス而テ船長ノ權力ハ航海ノ趣旨ト目的トニ因テ制限アルモノナリ

船長ハ船舶及ヒ船主ニ對スル請求ヲ處置スル事ニ付テハ船主ノ代人ト爲スヲ得ス但該船ノ船長タル間ニ起リタル事ハ格別ナリトス

船長及ヒ船賃ハ海上法ニ依リ船長ノ職權ヲ以テ爲シタル契約ノ履行

ニ關シ生スル義務ヲ負擔スルモノナリ
船長ノ臨時施行ス可キ權力ハ常尋ノ職務卽チ船舶ニ關係アル事務ニ屬スルモノニ限ル可シ又船長ハ曾テ船主ヨリ付與シタル權限外ノ事ニ付船主ニ責任ヲ負ハシムル事ヲ得
第二百一項　船長ハ外國航ヲ爲シ其地ニ船主ノ代理人アラサル時ハ船長ノ總理權ヲ以テ傭船ヲ爲スノ權力アル歟
然外國ニ在テハ船長ハ船主ノ代理人ナリ故ニ積荷ノ種類ニ制限ナキ以上ハ船賃付ノ貨物ヲ搭載ス可キ契約ヲ爲ス權力アリ
第二百二項　船長ハ船主ノ利益ヲ計リ積荷ヲ買フノ權力アル歟
否、然圧船主ハ利益上船長ニ其事ヲ許容スルカ又ハ船長ニ其所爲アルヲ認知シ之ヲ准ルシタル時ハ特ニ其權力ヲ付與シタルモノト爲サヽル可ラス故ニ此場合ニ在テハ船主ハ船長ノ所爲ニ關シ責任ヲ免レサ

ル可シ

第二百三項　船長ハ其資格ヲ以テ爲シタル傭船契約ノ履行ニ關シ船主ニ責任ヲ負ハシムル事ヲ得ル歟否、

第二百四項　船舶ノ供給品ヲ買得スル船長ノ權力ハ如何

内外國ノ港ヲ分タス船長ヨリ命シタル供給品ハ一般ニ其責ヲ船長ト船主ニ歸ス可キモノナリ

若シ船主ヨリ命シタル供給品ナル時ハ船長ニ於テ毫モ代價ノ責任ヲ有セス

船長ハ平時船舶ノ事務上供給シタル必要品ハ船主ヲシテ其辨償ヲ爲サシムル事ヲ得然圧不用品若クハ贅澤物ニ屬スル時ハ此限ニ非ス

第二百五項　若シ船長及ヒ水夫ノ怠慢其他技倆ノ拙キヨリ甲板ニ置

キタル貨物損壞シ若クハ盜難ニ罹リタル時ハ其責何人ニ歸ス可キ歟」
合衆國海上法ニ於テハ船主及ヒ船長ヲ普通ノ運送者ト看做シ二人共ニ損害賠償ノ責任ヲ負フモノトセリ
第二百六項　若シ船長食料及ヒ水夫ヲ備フ可キ契約ニテ自カラ船舶ヲ傭入レタル上最モ善良ト認ル方法ニテ航海ヲ爲スニ方リ該船ノ供給品ニ關シ船主ニ責任ヲ負ハシムル事ヲ得ル歟
此場合ニ於テハ船長ニ船舶所持權、支配權其他航海權アリ故ニ船主ト船長トノ關係卽チ本人ト代理人タルノ關係ハ消滅スルモノナリ此理由ヨリ船長ハ傭船契約ノ存在スル間ハ該船ノ船主ト看做サヽル可ラス故ニ船長ハ船舶ノ供給品ニ付其責ヲ免ル事ヲ得サル可シ
第二百七項　外國港ニ於テ供給品ヲ買得スル船長ノ權力ハ如何
此事ニ關シテハ船長ヲ船主ノ總理代人ト看做サヽル可ラス故ニ其資

格ヨリ論セハ必要ノ修繕モ自ツカラ爲ス事ヲ得ルモノナリ

第二百八項　如何ナルモノヲ必要ノ修繕ト爲ス歟將亦法律上船長ハ其修繕費ノ責任ヲ船主ニ負ハシムル事ヲ得ル歟

法律上必要ノ修繕トハ船舶ノ摸樣ニ因リ相當ニ爲ス可キ修繕ヲ謂フ而テ其修繕ハ唯船舶ノ安全又ハ航海ヲ遂クルニ必要ナルモノヽミニ限ラサルナリ

第二百九項　船舶修繕ノ爲ニ船主ノ振出シタル爲替手形ノ支拂ヲ其支拂人ニ於テ拒ミタル時ハ船長ニ於テ其立換金ニ付船主ニ對シ訟求スル事ヲ得ル歟

然、

第二百十項　修繕ヲ爲シ又ハ需用品ヲ具備スルニ方リ船長ノ手許ヨリ立換タル金員ハ船主ニ辨償ヲ要ル權利アル歟

其權利アルハ勿論船長ハ立換金ノ償却ヲ受クル迄ハ船賃ヲ差押ル權利アリ

第二百十一項　船長ハ船主ノ爲シタル契約書ヲ變更シ得ル歟

船主自ラ船舶ノ使用法ヲ特ニ契約シタル時ハ船長ハ唯該船ノ船長タル總理權ト默許權トニ依リ此ノ如キ契約ヲ變更シ得サル而已ナラス之ヲ廢止シテ更ニ他ノ契約ヲ結フ事ヲ得

第二百十二項　船長ハ自己ノ用ニ供スル募金ヲ爲スニ方リ船賃ヲ抵當ト爲ス權力アル歟

否、何則船長ニ與ヘタル尋常ノ權力外ノ事ナレハナリ

第二百十三項　船主ハ船長ノ在職中爲シタル契約ハ勿論犯罪ノ所爲ニ至ルモ其責任ヲ負フ可キ歟

船長ハ船舶ノ進退ニ付相當ナル熟練ト注意トヲ用ユ可キ義務アリ而

テ船舶ノ進退上船主及ヒ船長ノ所爲ニ原因シテ他人ニ害ヲ加ヘタル時ハ等シク其責ヲ負擔セサル可ラス

第二百十四項　若シ船長注意ト熟練トヲ欠キ他船ヲ害セハ船主其損害ヲ船長ト共ニ負擔ス可キ歟

然海上ニテ斯ノ如キ事柄ヲ惹キ起サハ海事訴訟ニ於テ其要償法ヲ特ニ衝突事件ト名ケアリ而テ此訴訟ハ船主ト船舶ニ對シテ損害要償ヲ求ム可キモノナリ

第二百十五項　船長ハ在職中ノ時間ヲ船務ニ費ス可キ義務アル歟

船長ハ其時間船長タル特別ノ資格ヲ以テ船主ノ爲ニ盡クス可キ義務ヲ行ハサル可ラス故ニ此間自已ノ利益ヲ計リ他人ト契約ヲ爲シ其時間ノ幾部分ヲ偷ム事ヲ得ス

第二百十六項　貨物積込ノ方法ニ關スル船長ノ義務或ハ其貨物ヲ擅

ニ上甲板ニ積置キタル時船長ノ責任ハ如何
貨物ハ適當ノ場所ニ注意ト熟練ヲ以テ船積セサル可ラス若シ荷積證書ニ貨物ハ下甲板ニ搭載ス可キ旨記載アルニ荷主ノ承諾ヲ經ス又ハ習慣ナキニ之ヲ擅ニ上甲板ニ搭載シタル時ハ船主及ヒ船長ニ於テ貨物損失ノ責ニ任セサル可ラス又荷積證書ニ海上危難ヨリ生スル損失ハ船長及ヒ船主ノ責ニ非スト記載アルモ其例外ノ記載ハ荷積方不適當ナル時ハ該損失ノ責ヲ免カル事ヲ得ス然𪜈其貨物ヲ契約ノ如ク下甲板ニ搭載シアルニ海難ノ爲メ損失ヲ釀サハ其例外ノ明文ニ基キ責任ヲ免ル事ヲ得可シ
第二百十七項　材木ノ荷積證書(積場ノ特約ナキ時)ニ依テ船積セシ時ハ下甲板ニ積込ム可キ義務アル歟
然リ若シ上甲板ニ積込可キ明約又ハ默約アル時ハ此限ニ非ス

第二百十八項　上甲板ニ搭載ノ貨物ハ保險證書中ニ貨物及ヒ船賃トノミ記載アル普通ノ文句ニ包含シテ保險ノ保護ヲ受クル歟否、

第二百十九項　若シ物品通常ノ荷積證書ヲ以テ下甲板ノ船賃ニテ船積シタルニ之ヲ上甲板ニ積込ミ無難ニ到達セハ如何ナル船賃ヲ拂フ可キ歟

船主ハ上甲板ノ船賃ヲ得可キ權アリ

第二百二十項　荷揚場所有人ハ荷揚料ノ爲メ船舶差押權アル歟然、

第二百二十一項　船舶損傷ノ爲メ又ハ必要ナル船具不足ノ爲メ修復シ得サルカ若クハ非常ノ日子ヲ費スニ非レハ補理シ能ハサル時船長ハ指定港ニ貨物運搬ノ爲メ更ニ他船ヲ傭フ可キ權力アル歟

然斯ノ如キ止ヲ得サル場合ニ際シテハ貨物運搬ノ爲メ他船ヲ傭フハ至當ノ措置ナリ然ルニ若シ荷主ニ於テ之ヲ認許セサルモ船長ハ全船賃ヲ荷主ニ請求スル事ヲ得

第二百二十二項　前項ノ如ク他船ノ傭入ヲ爲シ貨物ヲ運搬スルハ船長ノ義務ナル歟

チヤンセロル、ケント氏ハ船長ニ荷主ノ代理人タル資格アルニ付其義務アルノミナラス船長ハ其代理人タル資格トハ即チ止ヲ得サル場合ニ限リ都テ關係人ニ最モ利益アル取扱ヲ爲ス可キ權利ヲ附與セラレタル者ナリ加之指定港ニ貨物ヲ安全ニ到達セシメ之ヲ引渡スニ必要ナル信用即チ船長ハ能ク其任ニ適スル權力ト取捨權トヲ有スルモノナリ若シ其港又ハ近港ニ於テ傭船ノ容易ナル時ハ之ヲ傭入ル義務アルモノニシテ船長ハ必ス其義務ヲ盡サヽル可ラス然𪜈傭船ヲ爲スト

否トノ取捨權ハ船長ノ任意ニ在ルモノナリ云云ト

他船ヲ傭入ル可キ船長ノ義務ハ同港若クハ近港其他相當ノ隔テアル塲所ニ於テ傭船ノ容易ナル時ハ必ス其義務ヲ盡サヽル可ラス而テ此傭船ニ貨物ヲ積換ルハ艱難ナク安全ニ爲シ得可キ時ニ限ル可シ

第二百二十三項　若シ船長航海ヲ遂ケン爲メ傭船ヲ爲シタル時ハ此ヨリ生スル增船賃ハ貨物ノ所有主ニ負擔セシムル事ヲ得ル歟

然此事ハ嘗テ紐育ニ判例アリテ既ニ確定セリ

第二百二十四項　增船賃ヲ定ル事ニ關スル適當ノ規則ハ如何

前契約ノ船賃ノ割合ヲ以テ航海ヲ爲シタル港迄ノ船賃ヲ計算シ而テ貨物保護ノ爲メ途中ノ港ニ於テ積換タル傭船ノ船賃トヲ合シ其總高ト前契約ノ船賃總額トヲ差引キシテ前契約ノ船賃高ヨリ超過スル金額ヲ增船賃ト謂ナリ

第二百二十五項　傭船ノ增船賃ノ爲ニ貨物ヲ差押ル事ヲ得ル歟
然、
第二百二十六項　荷主ハ貨物ニ損害アリト否トニ拘ラス途中ノ港ニ於テ總船賃ヲ拂ハスシテ貨物ノ引渡ヲ求ル權アル歟
否、然ド船長ニ於テ指定港ニ貨物ノ運搬ヲ拒ム時ハ荷主ハ船賃ヲ支給セス貨物ヲ取戾ス事ヲ得且亦腐敗ス可キ性質ニシテ數日間猶豫シ能ハサル時モ之ヲ取戾シ得ルハ論ヲ俟タサルナリ
第二百二十七項　貨物大破損ノ爲メ船舶及ヒ貨物ニ危險ヲ來タスカ或ハ貨物ヲ鼻惡ト爲ラシム可キ場合ニハ船長ハ其貨物ヲ陸揚シ賣却スルノ義務アル歟
然、假令指定港迄運搬シ得可キ時ト雖之ヲ販賣スルノ權アリ
第二百二十八項　航海中止ヲ得サル場合又ハ災害ノ場合ニ於テ船長

ハ都テ關係人ニ利益アル計畫ヲ爲ス可キ義務アル代人ト法律上看做可キ歟

然、斯ノ如キ場合ニ於テ爲シタル事項ハ都テ航海ニ關係アル者ニ其責ヲ負ハシメサル可ラス

第二百二十九項　船長ハ船舶遭難ノ時都テ航海ニ關係アル者ノ爲メ最モ利益アル處置ヲ爲ス可キ事ハ數々記載アル處ナルカ其規則ノ主意ハ如何

船舶海難ニ遇ヒ些細ノ損傷ヲ被リ港口ニ曳入レ之ヲ撿査スルニ船體ノ全部ニ衰頽アッテ頗ル危險ノ情景ナル事ヲ發見シタレ𪜈航海ヲ安全ニ爲ス可キモノトセンニハ數箇所ノ補理ヲ要シ其修復費莫大ナルニ付寧ロ之ヲ賣却セハ船主ニ利益アルヤ否ノ疑團ヲ公平ニシテ且正當ノ思慮ヲ以テ決セスンハアル可ラス假令保險附ノ船舶ナルニモセ

ヨ敢テ此決斷ヲ之レカ爲メ躊躇ス可キモノニ非ルナリ
船舶ヲ賣却シタル事ニ付虛僞ノ陳述又ハ其他遭難報告書及ヒ測量書等ニ事實ナキ事ヲ記載シ又ハ陳述ス可キ事柄ヲ申供セス或ハ又非常ニ修復費ヲ要シ傷タク保險者ヲシテ法律上ノ義務ヲ重大ナラシムル事ヲ得ス抑船長ノ保險者ニ對スル義務ハ船長カ船主ニ對シ正直ニ盡ス可キ義務アルト毫モ殊ナル事ナシ船長ハ船ヲ賣却スルカ將タ修復ニ利アルヤ否ヲ定ルニ際シ海難ニ原因スル損害及ヒ其他ノ原因ニ歸ス可キ損害ノ高ヲ精算シテ航海ニ關係アル者ヲ滿足セシメン爲メ各人ノ損害ヲ區別シ得ル證據ヲ保存シ置キ後日之ニ基キ各人ノ負擔ス可キ損失ノ割前ヲ平均ス可キモノナリ
以上ノ主意ヲ遵守スル船長ハ都テ航海ニ關係アル者（保險物アル時ハ保險者モ其中ニ包含ス）ニ對スル義務ヲ盡ス者ト謂テ可ナリ

第二百三十項　船長ニ於テ貨物ヲ賣却スルハ最モ注意ヲ要ス可キ歟」然、船長ハ常ニ貨物ヲ指定ノ場所ニ運搬ス可キ義務アルモノト知ル可シ何則船長カ指定ノ場所ニ運搬スルハ卽チ倚托ヲ受タル目的ニシテ其目的ハ正當ノ方法ニ依テ遂ク可キ義務ナレハナリ若シ船長其義務ヲ行フニ方リ不適當ノ所爲アラハ勿論船主モ共ニ其所爲ニ關シ責任ヲ負擔セサル可ラス

第二百三十一項　船長ハ航海中ニ起リタル危難ノ爲メ貨物ヲ指定港ニ運搬シ能ハス或ハ其場所ニ於テ貨物ヲ引渡スヿ能ハサル時ハ如何ナル處置ヲ爲ス可キ歟

此ノ如キ大体ノ疑問ニ對シ答辨ヲ爲スハ實ニ至難ト言ハサル可ラス何則事件ノ情況ニ因リ一樣ナラサレハナリ然リト雖之ヲ概論セハ船長ハ聰明達識ノ者ナリ故ニ事ヲ爲スニ方リテハ航海關係者ノ利益ト

認ム可キ事項ヲ爲サヽル可ラス而テ其事項トハ安全ナル計畫即チ荷主ニ不滿ヲ戴カシメサル處置ヲ施スニ在リ殊ニ船長ハ船舶及ヒ船主ノ利益ニ注意ス可キ義務アリト雖其利益ヲ計ラン爲メ貨物ノ利益ヲ顧ミスシテ漫ニ之ヲ其犧牲ニ供スル事ヲ得ス

船長カ第一ノ目的ト爲ス可キハ指定港ニ貨物ヲ運搬スルニ在リ故ニ可及的ハ其目的ヲ貫徹セシメ且可出來的ハ貨物ノ所有者ニ協議ヲ盡サヽル可ラス由之觀是貨物ノ賣却ハ最後ノ處置ニシテ人爲ノ企及シ能ハサル時ニ限ルナリ若シ止ヲ得サルニ非スシテ賣却セハ船主及ヒ船長ハ荷主ニ對シ賠償ノ責任アリ船長無難ノ貨物又ハ腐敗セサル貨物ヲ賣却セント欲セハ必ス荷主ニ報告シ許諾ヲ經ルニ非レハ賣却ノ權力ヲ有セサルナリ若シ特斷ニテ賣却セハ損害賠償ノ責ヲ免レス又船長カ止ヲ得サル場合ニ貨物ヲ賣却シ得可キハ外國ニ在ル時ニ限ル

モノニシテ荷主所在ノ地方ニ於テハ其權力ナキモノナリ

第二百三十二項　船長航海中避難ノ爲メ外國港ニ繫船シ修復ヲ加ヘント欲スルモ修復費ハ勿論其他航海ニ必要ノ用度費ヲ得可キ手段ナキ時ハ貨物ノ全部ヲ質入ニ爲シ或ハ其一部分ヲ賣却シ得可キ歟

然而トモ船舶修復ノ爲メ貨物ニ利益ナク又ハ利益ヲ生ス可キ期望ナキ時ハ賣却スル事ヲ得ス然リト雖假令其利益ノ企望ハ貨物ヨリ一層船舶ニ直接ナルモ貨物ノ保護ト運輸トノ爲メニ貨物ノ全部又ハ其一部分ヲ質入ニ爲ス事ヲ得而テ此質入ハ貨物及ヒ船舶ノ共同利益ト看做可シ

第二百三十三項　船長航海中船舶修復費ニ差支貨物ノ一部分ヲ賣却セシ時ハ船主ハ該代價ヲ荷主ニ償還スル義務アル歟

然荷主ハ其要償ヲ爲スニ方リ船舶差押權ヲ有スルモノナリ嘗テ「パッ

ケット」號ノ事件ノ裁判ニ貨物ヲ賣却シ船舶用度費ノ欠乏ヲ贖ヒナハ其荷主ハ船主ニ對シ要償ヲ爲スニ止ラス他ノ荷主ニ對シテモ損失ノ割前ヲ出タサシム可キ權利アリ云云ト

第二百三十四項　船長カ船舶ヲ賣却スル事ニ關スル合衆國ノ法律ハ如何

船長ハ船舶ノ損傷、船體ノ粗造、船材ノ惡質其他船體老衰等ノ諸原因ヨリ修復セサレハ安全ニ航海シ能ハスト認ルモ其修復費ヲ有セサルカ又ハ其修復ヲ爲スモ船價ノ增サヽル時之ヲ賣却スル事ヲ得

第二百三十五項　川港ノ碇泊場ヲ航通センニハ國ノ習慣又ハ法律ニ依リ必ス水先人ヲ甲板ニ一人備フ可キ歟

川港航通ノ時甲板ニ水先人ヲ置カサレハ航法ニ違反ス然𪜈若シ水先人ヲ備フ可キ習慣ナキ時ハ船長又ハ運轉師或ハ航海ニ熟練スル者ヲ

水先人ニ代用セシムル事ヲ得

第二百三十六項　船長ハ職務上ノ過誤ニ付責ヲ負フカ又其塲合ニ於テ傭主卽チ船主ニ對スル義務ハ如何

船長タル者ハ常ニ注意、警戒其他正直ノ心ヲ以テ諸事ヲ取扱フ可キモノト看做サヽル可ラス故ニ此要意ヲ欠キタルニ依リ災害ヲ惹キ起サハ民事ノ訴訟ヲ受ケサル可ラス若シ又船主ニ於テ船長ノ責任ヲ負擔セハ船長ヨリ船主ニ向テ更ニ其賠償ヲ爲スノ義務アリ

船長タル者ハ船主ニ最大ノ信用アル而已ナラス法律上重大ノ權力ヲ付與シアルカ故ニ事ヲ處スルニ傭主ノ利益ハ勿論其他百般ノ取扱ニ付テモ都テ自重セサル可ラス船長ノ怠慢其他不品行ヨリ船舶又ハ貨物ニ損害ヲ釀サハ躬ラ其責ニ任ス可シ而テ荷主ハ船長ノ所爲ヨリ蒙リタル損害ヲ船主ニ係リ出訴スル事ヲ得故ニ若シ船主ニ於テ其損害

要償ノ義務ヲ負擔シ荷主ニ辨償シタランニハ船主モ亦其賠償ヲ船長ニ請求シ得ルハ論ヲ俟タス

若シ船長カ船主ヨリ充分ノ權力付與ナキニ他人ト妄リニ特別ノ契約其他保證等ヲ爲スモ船長ノ位置ト資格トニ屬スル總理權ヲ以テ爲シタルモノト看做シ船主ハ其契約者ニ對シ責任ヲ有ス可キ理由アリ故ニ其理由ヨリ論究スルニ船長カ部理權ヲ越ヘ或ハ部理權ノ主旨ニ背戾シ船主ニ損害ヲ被ラシメナハ船主ニ對シ損害賠償ノ責モ亦免カル事ヲ得サルハ當然ナリ

第二百三十七項　船主ハ隨意ニ船長ノ傭ヲ解ク事ヲ得ル歟

特別ノ航海ニ傭入タルニ非スシテ唯期限ヲ定メス傭入レタル時ハ他ノ代人ノ傭ヲ解クカ如ク定リタル原因ナク容易ニ解傭スル事ヲ得然モ特別ノ航海ニ傭入タル船長既ニ荷受證書等ニ調印ヲ爲シタル後ニ

至リ偶然解傭セラレ爲ニ損害ヲ生シナハ船主ニ損害要償ヲ爲スノ權利アリ但解傭セラル可キ理由アラハ此限ニ非ス

第二百三十八項　外國航ノ船舶既ニ解纜ノ上水漏其他航海ニ適セサル事ヲ發見セハ船長以下水夫ニ至ル迄航海ヲ拒ム事ヲ得ル歟

一等運轉師及ヒ過半數以上ノ水夫ヨリ船長ニ對シ最寄港ニ船ヲ寄セン事ヲ促カシ且其船ノ測量ヲ要求スル而已ナラス萬一修復ノ必要ナル箇所アルニ之ヲ爲サヽル時ハ治安裁判官ノ命令ヲ仰キ充分ナル修復ト船具ノ購求ヲ訟求スル事ヲ得

第二百三十九項　海員ノ健康ヲ保護スル爲メ相當ノ藥劑ヲ船中ニ備フル規則ハ如何

海外諸國ニ航行スル百五十噸以上ノ船舶ニシテ十人以上ノ乘込アルカ又ハ七十五噸以上ノ船舶ニシテ六人以上ノ海員ヲ備ヘ西印度ニ航

海スル諸船舶ハ諸藥品ト其効能書トヲ準備ス可キ義務アリ而テ其藥品ハ少クモ一年ニ一度撿査ノ上新品ト交換セサル可ラス若シ藥品ヲ備ヘサル場合ニ患者アラハ着港ノ時船長ハ醫師ヲ迎ヘ治療ヲ爲サシムルモ其費用ハ水夫ノ給料ヨリ引去ル可キモノニ非サルナリ

第二百四十項　海外ニ物品ヲ運輸スル船舶ノ船長ハ普通ノ運搬者ト同一ノ責任アル歟

船賃ヲ取ルニ付運搬者ト同一ニ看做シテ可ナルモノナリ

第二百四十一項　船主ハ船舶ヲ船長ニ貸與シ其進退ニ關セサル時ハ船舶ニ付責任ヲ有セサル歟

然

第二百四十二項　海上危難トハ如何ナル事ヲ謂フ歟

風災、波災、雷、電災、暗礁、其他淺瀨ニ乘揚タル事變ヲ海上危難ト謂ナリ

第二百四十三項　保險者ハ前項ノ事變ヨリ生スル損失ヲ賠償ス可キ責任アル歟
然、
第二百四十四項　鼠害ヨリ生スル船舶ノ損傷ヲ海上危難ト爲ス可キ歟
然、
第二百四十五項　虫害ヨリ生スル損傷ハ如何
虫害ハ海上危難ト爲スヲ得ス
第二百四十六項　海員傭入證書ニ關スル合衆國ノ法律ハ如何
海外航ト沿海航トヲ論セス海員ヲ傭入ルヽ時ハ航海ノ場所、傭期限其他出發港ト到着港トヲ明示シタル契約書ヲ各海員ニ締結セサル可ラス但海員見習其他船主及ヒ船長ノ僕丁ハ此限ニ非ス海員傭入契約ノ整頓シタル上其海員乘船セハ契約書ノ末項ニ乘船ノ日時ヲ記入セシム可シ若シ海員乘船セスシテ逃走セハ止ヲ得ス其海員ヲ殘シ出帆後行衞判然セハ給料ノ前渡金ヲ取戻シ且之レト同額ノ金員ヲ過料トシテ徴收スル事ヲ得

治安裁判官ハ船長ヨリ前條ノ起訴ヲ受理シテ逃走ノ海員ニ對シ捕縛状ヲ發シ之ヲ逮捕セハ船舶解纜ノ准備ヲ了ルマテ拘留シオキ出帆ノ時船長ニ引渡ス可キモノナリ

第二百四十七項　船主ノ姓名海員傭入證書ニ記載ナキモ船主ハ海員ノ給料ニ付責任ヲ有スル歟

然、

第二百四十八項　海員ヨリ給料ノ請求ヲ海事裁判所ニ起訴シタル時其請求ハ船舶ニ係ル他ノ請求ニ對シ先取特權ヲ有スル歟

船舶ニ對スル訴訟ニ於テ若シ船價ヲ以テ各人ノ請求ニ充ツルニ定ラサル時ハ海員ノ給料ハ他ノ請求金ヨリ先キニ渡サヽル可ラス

船舶及ヒ船賃其他利益金ハ何人ノ手裏ニ渉ルモ海員ノ給料ヲ拂フ爲メ之ヲ差押ル事ヲ得加之海員ノ給料ハ常ニ先取權アリ

商品ハ船舶ニ船賃ヲ拂フ義務アルト同一ニシテ船賃モ亦海員ニ給料ヲ支拂フ可キ義務アリ故ニ假令船主ト荷主ト同一ナル塲合ト雖貨物ハ船舶ニ船賃ヲ拂フ可キモノニシテ此船賃ハ給料ノ抵償ト看做ス可キモノナリ

第二百四十九項　其差押權ハ船賃ノ請求ニ對シ行フ事ヲ得ル歟

船賃ヲ船主ニ交付セス船長又ハ荷主ノ手許ニ押ヘ置クナリ

第二百五十項　船長、船主若クハ船舶ニ對スル海員ノ訴權通常裁判所ニ於テ受理スル歟然、海事裁判所ニ訴ルト否トハ海員ノ任意ニアラス然𪜈裁判所管轄ノ點ヨリ論究セハ其訴權海事裁判所ニ屬ス可キモノナリ又海員ハ海事裁判所ニ給料ノ請求ヲ為スニ方リ船主及ヒ船長ニ對シ物權ト人權トヲ有スルモノナリ

第二百五十一項　船長ノ死去又ハ其他ノ原因アリテ航海中退職シタル時此船長在職中為シタル百般ノ契約ニ毫モ關係ナキ者其職ヲ繼カハ就職前ニ係ル海員ノ給料ニ付責任ヲ有ス可キ歟海員ノ給料ニ關スル船長ノ責任ハ元來契約ニ原因ス可キモノナリ故ニ後任ノ船長ハ就職後ニ係ル給料ニノミ負荷ス可シ

第二百五十二項　船主ハ船舶ノ所有者タル限リハ海員ノ給料ニ付責任アル歟

船主他人ニ船舶ヲ貸與シ而テ其借受人ニ於テ水夫ヲ傭入且自ラ船長

及ヒ水夫ノ給料其他食料等ヲ給與ス可キ約束アル時ハ借主ニ於テ海員ノ給料ヲ支出ス可キ義務アリ依テ原所有者ハ其責任勿カル可シ

第二百五十三項　船舶ヲ船長ニ貸與シ使用上利益ノ幾部分ヲ船主ニ分配ス可キ契約アル時ハ船主ハ海員ノ給料ニ付責任ヲ有スル歟

假令船長ニ於テ船舶ノ全權ヲ有シ自ラ水夫ヲ雇入レ其給料及ヒ食料等ヲ給與ス可キ契約アルモ船主ハ海員ノ給料ヲ支出ス可キ責アリ但航海ノ時海員ニ該契約並ニ船長ヲ船主ト看做ス可キ旨ヲ告知シタル時ハ此限ニ非ス

又船長ヨリ船主ニ渡シタル金員ハ假令船賃ノ名義ナルモ船主其利益ヲ得ル以上ハ海員ノ給料ニ對シ責任ヲ有セサル可ラス

第二百五十四項　航海中船舶ヲ保險者ニ委棄シタル時ハ保險者ヲシテ海員ノ給料ニ付責任ヲ負擔セシム可キ歟

船舶ノ委棄正當ナル時ハ委棄前ニ係ル海員ノ給料ニ付責任ヲ有セスト雖委棄後ノ給料ニ關シテハ保險者ヲ船主ト看做ス可キ理由アルカ故ニ其責任ヲ負荷セシメサル可ラス

第二百五十五項　船舶ノ委棄ハ船長ノ資格ヲ變スル歟

正當ノ理由アリテ船舶ヲ委棄シタル時ハ船舶損傷ノ時ヨリ保險者ノ代人トセサル可ラス

第二百五十六項　船長死去シ運轉師其職ニ代ハリタル時ハ運轉師タル資格ヲ變スル歟

否、海事裁判所ニ於テ船長ノ給料ヲ訟求スル事ヲ得可キモ運轉師ノ資格ハ依然存スルモノナリ

第二百五十七項　船長ハ給料ノ請求ニ付如何ナル訴權ヲ有スル歟

船長ハ其請求ヲ爲スニ方リ船舶差押權ヲ有セス唯船主ニ對シ普通裁

判所ニ訴ル事ヲ得

嘗テ海事裁判所ニ於テウヰアルトヨリドルニ係ル訴訟ノ裁判例ニ船長ニ於テ給料ヲ要求スルハ人權上ノ訟求ヲ為スモノト判定シ且同時ニ船長ハ物權上ノ訴權ヲ有セサル旨判定シタリ且前キノ判事バン子ツス氏モ嘗テ紐育地方裁判所ニテ右判例ト同一ノ主義ヲ主張シタル事アリ

船長ハ船舶差押權ナキニ付隨テ物上權ヲ有セス元來給料請求ニ付物上權ヲ有スル場合ハ差押權ノアル時ニ限ルモノナリ然𪜈海事裁判所ハ船長ノ立替金其他外國ニ於テ仕拂タル金員等ヲ船舶賣却金ヨリ償却セシムル事ヲ得何トナレハ船舶賣却代金ハ船長ニ於テ差押ヲ為シ得可キ性質ノモノナレハナリ

第二百五十八項　船舶ノ事務長トハ如何ナル者ニシテ且其資格ト義

務トハ如何

船舶ノ共有者ハ常ニ其内ヨリ一人ヲ撰擧シ船舶ノ義務ヲ取扱フ爲メ事務長ノ名ヲ以テ總理代人ノ委任ヲ爲サヽル可ラス而テ事務長ノ義務ト其職權トハ共有者ト事務長トノ特約ニ依テ規定ス可キモノナリ若シ其特約ナカリセハ事務長ニ於テ役員撰擧其他百般ノ事務ヲ取扱フニ方リ公平ナル處置ヲ爲ス可キハ勿論ニシテ殊ニ船長撰拔ニ關シテハ私情或ハ苞苴ノ爲メ偏頗ノ處置ヲ誤テ爲ス可ラス

事務長ハ常ニ船舶ノ准備ヲ整頓スルヤ否ヲ監査シ又ハ船賃ノ受取方、船舶ノ貸借其他金員ノ出納ニ從事シ且共有者ノ爲メ計算書ヲ調製スルノ義務アリ而テ事務長ノ爲シタル事柄ハ都テ船舶共有者ノ所爲ト看做ニ依リ其共有者ハ共同ノ事業卽チ船舶ノ使用ニ付事務長ノ爲シタル諸契約ニ關シテハ共ニ義務ヲ負フ可キモノトス

第二百五十九項　船舶ノ遭難其他損害アル時船長ヲシテ其船舶ヲ賣却セシムル事ヲ得可キ窮迫ノ情況ハ如何ナルモノ歟

或ル有識ノ學者ハ嘗テレードヨリグルビーニ係ル訴訟ニ關シ判事リチヤルトソン氏ノ主張シタル論說ヲ援引シ左ノ如ク論シタル事アリ其說ニ曰ク凡ソ船長カ船主ヨリ委托ヲ受クル主旨ハ船舶ニ相當ノ修復ヲ加ヘ航海シ得可キ以上ハ賣却スル事ヲ得サルモノニシテ之ヲ賣却シ得ルハ船舶破壞シテ用ヲ爲サヽ時ニ限ル可シト此論旨ハ場合ニ依リ過嚴ナリト評セセサルヲ得ス然圧斯ノ如キ船舶ヲ買フ者ハ又自已ノ利害ヲ顧慮スルニ敏捷ナル可ケレハ其船ヲ買ヒ以テ自ラ利セントスル者之レナシトセス故ニ其論旨ハ強チ過嚴ナリト云フ可カラス嘗テベーロンパーク氏ハハントルヨリバーカルニ係ル訴訟事件ノ判決中ニ船長ハ航海中船舶安着ノ見込ナキ時ハ職權ヲ以テ關係人ニ最

モ利益アル處置ヲ施サヽル可ラス故ニ船舶ノ賣却ヲ利益ト認メ他ニ之ニ優ル手段ヲ有セサル時ニ限リ船舶ヲ賣却スル事ヲ得斯ノ如ク船長ハ只タ止ヲ得サル場合ニ而已船舶ヲ賣却スル權利アル者ニシテ其止ヲ得サル場合トハ有形ノ事項ニ非ス無形ノモノナリ而テ無形ノ止ヲ得サルトハ人爲ノ抗拒スカラサル事變ヲ謂フニ非ス船舶破壞シテ之ヲ修復スルモ利益ナク又其儘時ヲ移サハ愈々破壞ヲ増重スルニ依リ寧ロ賣却シテ損失ノ莫大ナラサル事ヲ豫防スル場合ヲ謂ナリ之ヲ換言セハ無形ノ止ヲ得サル場合トハ思慮アル船主ニ於テ物件ノ保險ナキ時自己ノ利益ト航海ニ關係アル者ノ利益ノ爲メ物件ヲ賣却スル時ト同一ノ事情ニテ船舶ヲ賣却スルノ處置ヲ謂ナリ

「サラアン」號ノ訴訟ニ於テ判事ストリー氏曰ク船舶破壞シテ其儘措カハ愈々船舶ノ危險ヲ増重シ關係人ノ利益ヲ害ス可キ窮迫ノ場合アル

時ハ國ノ內外ト船主所在地ノ遠近ニ拘ラス船長ハ之ヲ賣却スル事ヲ得ト此論說ハ既ニ合衆國高等裁判所ニ於テ確定セリ而テ其法術ノ說タ所ニ據レハ凡ソ船長ニ於テ船舶ヲ賣却ス可キ職權ノ有無ヲ斷定ス可キ要點ニ船主又ハ保險者ノ所在地ト船舶遭難ノ塲所ト遠隔セサル時ハ船舶ノ損滅セサル前船舶ノ位置ト摸樣トヲ迅速ナル手段ヲ以テ船長ヨリ船主ニ報知ス可キ義務アルヤ否ヲ定ルニ在リ若シ船舶損滅ノ懼レアリテ一刻ノ猶豫ヲ爲サハ一層其危難ヲ增スカ如キ塲合ニ際シテハ船長ハ迅速ニ其處置ヲ爲ス可キ權アリ假令其利益僅少ナルモ關係人ノ利益ト認ム可キモノハ都テ之ヲ保護セサル可ラス然圧其保護ヲ爲スハ船舶ヲ賣却スルニアリテ他ニ有益ノ良策ナキ時ニ限ルナリ云云ト

老德マンスヒールト公ノ採擇ニシテ後世法理學上贊成ヲ得タル論說

ニ據レハ航海中危險ノ情況アル時若クハ非常ノ障碍ヲ惹起シタル時船長ニ於テ船舶及ヒ貨物ヲ賣却シ得可キハ以上ノ情況アル時聰明ナル船主カ爲ス所ト同一ノ方法ヲ以テ賣却ノ處置ヲ爲ス事ヲ得ト

第二百六十項　船長ハ如何ナル塲合ニ航海ノ正路ヲ變スル事ヲ得而テ不正ノ航路ニ變シタル時ノ結果ハ如何

航路ヲ變スル塲合ハ海難危急ニシテ避ク可ラサル時ニ限ル可シト雖其事故ノ消散シタル時ハ直チニ原ノ航路ニ復セサル可ラス若シ止ヲ得サル事故ナクシテ航路ヲ變セハ船舶及ヒ貨物ニ對スル保險ヲ無効ト爲シ且損失ノ生シタル時ハ船主ハ荷主ヨリ訴訟ヲ受クル事アル可シ

第二百六十一項　法律ハ陸運ト廻漕ノ區別ヲ爲ス歟

否、商船ノ船長ハ法律上運搬者ト看做ニ付天災等ノ事變ナキ以上ハ委

托ヲ受クル貨物ニ相當ノ注意ヲ爲シ指定港ニ運搬ス可キ義務アリ
第二百六十二項　不適當又ハ不注意ノ船積ヨリ貨物ニ損害ヲ釀セハ船長ノ責任ト爲ス可キ歟
然、
第二百六十三項　航海ニ適スルトノ語ハ如何ナル意味ヲ謂フ歟
航海ニ適ストハ卽チ船舶ノ航用ニ供シ得可キ摸樣ヲ示シタル語ニシテ船舶ニノミ用ユルモノナリ
船舶貸借證書ニ必ス貸與ノ船舶ハ堅牢ニシテ百般ノ事物整頓シ且充分ナル海員ト諸器械其他食料等ヲ准備シアル事ヲ記載セサル可ラス」
若シ其貸借證書ニ以上ノ明約ナキ時ハ假令船主ニ於テ船舶ノ摸樣ヲ知ラスト雖船具不備ナルカ爲メ貨物ニ損害ヲ加ヘナハ船主ハ荷主ニ對シ賠償ノ責アリ加之其船舶保險付ノ時ハ保險契約書ヲ無効ト爲ス

可シ
抑船舶航海ニ適スト謂フハ契約書ニ掲載アルト否トニ拘ラス前條ノ事項ハ常ニ契約證書ニ包含シタルモノナリ復タ船舶及ヒ貨物ノ監査ヲ爲スニ必要ナル證書類ヲ備ルニ非レハ航海ニ適スト謂フ可ラス

第二百六十四項　船主ハ船舶解纜ノ時航海ニ適ストノ保證ヲ爲スハ必要ナル歟

然此保證ハ必要ナルモノナリ然圧若シ解纜後航海ニ適セサルモノト成リシ時ハ船主ニ於テ此ヨリ生スル損失ヲ償フ可キ責任ナキモノトス而テ其航海ニ適セストナリタル事ハ出發前ノ原因ナルヤ將タ解纜後ノ事變ナルヤ否ヲ定ルヲ必要トス

解纜後一兩日間ニ人目ニ觸レ可キ充分ノ原由ナクシテ船板外ツル、カ又ハ人功ヲ以テ豫防シ能ハサル事變ヨリ往々堅牢ノ船舶スラ不虞ニノ禍害ヲ被リ水漏ヲ來シ出帆港ニ立戻ラサルヲ得サル時ハ解纜ノ際既ニ航海ニ適セサリシモノト推測スルヲ至當ナリトス然圧此場合ニ於テ航海ニ適シタル反證ヲ擧ケタル責任ハ船主ニ在ルモノナリ復タ船主ハ船舶固有ノ損所ヨリ起ル損害其他積荷ノ疎畧ヨリ生スル損害ニ付テハ其責アリト雖天災、讎敵其他海上危難ヨリ生スル損害ハ其責ニ任ス可キモノニ非ルナリ　本項擧證ノ方法ハ余輩ノ譯シタル英國證據法詳解ヲ一讀セハ明瞭ナリ

第二百六十五項　船舶ヲ或ル商業ノ爲メ使用セントセハ萬事其商業ニ適スルモノト認ム可キ歟

然、而レ圧船体構造ノ堅軟其他ノ原因ヨリ目的ノ航海ヲ爲ス事能ハサル時ハ航海ニ適シタルモノト爲ス可ラス

曩ニプットマンヨリウードニ係ル訴訟ニ於テ法庭ハ左ノ如ク言渡シタリ

船舶ヲ貸與スル時ハ貨物ノ運搬ニ適スル構造ニシテ且ツ海難其他避ク可ラサル事變アルニ非ラサレハ其構造ヲ保有スルモノトス可シ若シ船舶ノ損所ニ原因シテ貨物ニ損失ヲ釀セハ假令船主ニ於テ其損所ヲ豫知シ能ハサリシモ荷主ニ對シ損失ノ賠償ヲ爲サヽル可ラス何則船舶ハ其船主完全ナル事ヲ暗ニ荷主ニ契約シタルモノト看做セハナリ

第二百六十六項　荷積契約ノ性質ト其効力ハ如何ナルモノ歟

或ル航海ヲ爲スニ方リ船長若クハ船主カ指定ノ場所ニ物品ヲ運搬セン事ヲ或ル者ト契約シタル時ハ必ス一人毎ニ其契約ヲ爲サヽル可ラス而テ此運搬ノ契約ヲ證明センニハ荷積證書ニ依ル可キモノニシテ斯ノ如キ船舶ハ法律上普通ノ船舶ト稱シ船長ヲシテ其契約ヲ爲サシムト雖船主ノ爲シタルモノト看做ナリ又船長ト船主ハ其契約ヲ履行

スルニ付共ニ義務ヲ負擔スルハ勿論船舶モ亦契約履行ノ爲メ差押ヲ受クル事ヲ免レサルナリ

荷積證書ニハ船長調印ヲ爲シ荷主ニ渡ス可シ而テ其證書ハ二通或ハ三通ヲ作リ一通ヲ荷主ノ代理若クハ荷受人ニ送達シ(郵便等ノ方法ニテ)一通ヲ貨物ト共ニ船中ニ留置シ殘ル一通ハ船長ノ手許ニ所持ス

第二百六十七項　船舶貸借ノ契約トハ如何

或ル商人某地ニ貨物運搬ノ爲メ傭船ヲ爲シ又ハ船舶ノ一部分ヲ借入可キ契約ヲ爲シタル時ハ之ヲ船舶貸借ノ契約ト謂フ而テ其契約ヲ船主ノ住所ニ於テ爲シタル時ハ常ニ船主及ヒ船長ト船舶借用又ハ其代理人トニ於テ其契約ヲ履行セサル可ラス若シ外國港ニ於テ前條ノ契約ヲ爲サシム可キ船主ノ代理人在サル時ハ其契約ハ船長ト船舶借用人又ハ其代理人トニ於テ履行ス可シ

以上ノ契約ハ船舶ノ全部又ハ噸數幾許ナル事其他船賃トシテ拂フ可キ金員ハ全航海若干弗又ハ一ヶ月若クハ何週間若干弗ト定ム可キモノナリ又場合ニ依リ船賃ヲ搭載品ノ噸數、樽數若クハ俵數ヲ以テ定ムル事アリ而テ船舶借用人モ亦常ニ幾噸、幾樽若クハ何俵以下ノ荷積ヲ爲サヽル事ト一噸ニ充タサル貨物ハ一噸ノ割合ヲ以テ船賃ヲ計算ス可キ旨ヲ契約書ニ付記セサル可ラス

第二百六十八項　船舶貸借證書ノ箇條ニ如何ナル事項ヲ記ス可キモノ歟

船主又ハ船長ニ於テ貸借ニ供スル船舶ハ第一堅牢ニシテ航海ニ必要ナル諸器械ヲ具備シタル事、第二荷積ノ月日ヲ定ル事、第三積込ノ爲メ若干ノ日數ヲ猶豫スル事、第四積込ノ後ハ順風次第出帆スル事ト積込品ヲ荷受人ニ引渡ス事等ヲ以テ契約セサル可ラス加之航海中船舶ヲ

鄭重ニ取扱ヒ且十分ノ海員ヲ備フル事ヲ約スニ在リ
第二百六十九項　荷積證書ハ船長又ハ船主ヨリ差出ス可キ歟
前ニ掲ケタル船舶貸借證書ニ依リ物品ヲ積込タル時ハ船長ニ於テ普通ノ貨物ヲ荷積スル塲合ノ如ク其積荷證書ニ調印セサル可ラス而テ船舶貸借證書ノ主意ハ借受人ニ於テ契約ノ條件ヲ違背セサル限リハ任意ニ使用ス可キ權利アル事ヲ示スモノニシテ荷積證書ハ止タ運搬ス可キ商品ヲ證明スルニ過キサルナリ
第二百七十項　船舶貸借ノ契約ヲ爲シタル者ノ權利及ヒ義務ハ荷積ノ契約ヲ爲シタル塲合ト同一ナル歟
契約ノ性質ハ同一ナリト雖傭船契約證書ニハ船舶ノ全部又ハ定リタル一部分ニ付爲ス可キモノニシテ彼ノ荷積契約證書ハ以上ノ事柄ヲ定メサルモノナリ此ノ如ク一ツハ船舶ノ傭入ヲ爲シ一ツハ唯タ商品

運搬ニ關スル契約ニ過キス然𪜈孰レノ塲合ニ於ケルモ皆運搬者ト目スルニ付船主ハ運賃要求ノ爲メ貨物ノ差押權ヲ有スルモノナリ

第二百七十一項　海事ノ訴訟ニ於テ船材供給者トハ如何ナルモノヲ謂フ歟

船舶製造、出帆准備、修復其他航海中ノ用ニ供ス可キ材料ヲ備ヘタル者ハ都テ此總名中ニ包含ス

第二百七十二項　海員ノ給料ハ保險スル事ヲ得ル歟

海員ノ給料ハ保險スル事ヲ得ス何則若シ保險ヲ許サハ危難ノ塲合ニ際シ驁力ヲ盡サヽレハナリ

第二百七十三項　運轉師ノ給料ハ保險スル事ヲ得ル歟

否、給料ノ外ニ船中ニ於テ有スル特權モ亦保險スル事ヲ得ス然𪜈自己ノ財產ハ假令給料ヲ以テ買得シタル品ト雖保險スル事ヲ得

物品ノ若干ヲ運搬スル特權アル海員ハ其物件ノ保險ヲ爲ス事ヲ得何則給料ヲ得ルノ源ハ貨物ヨリ生スル船賃ニ在テ貨物ヨリ直接ニ生セサレハナリ

第二百七十四項　船長ハ其給料ヲ保險シ得ル歟

船長ハ給料、口錢其他船中ノ特權ヲ保險スル事ヲ得何則船長ハ他ノ海員ヨリ一層信用アル者ト看做セハナリ

第二百七十五項　英國ノ法律ニ於テ海員ノ越權トハ何ヲ謂フ歟

越權トハ船長其他ノ海員船主ノ承諾ヲ經ス船主ノ損害ト爲ル可キ不正ノ所爲ヲ謂フ又不正ノ意思ヲ以テ信用ヲ犯カス所爲モ亦此内ニ包含ス

第二百七十六項　合衆國ノ法律ニ於テ海員ノ越權トハ如何ナル事柄ヲ謂フ歟

英國ノ判決例ハ合衆國ニ於テ越權ノ疑問ヲ斷スル先例ト爲ス
船主ノ承諾ヲ經ス敵國トノ通商ニ關係スル事、戰時船改ヲ拒ム事、敵船ヲ驅逐シ捕拿スル事等ハ假令利益アル事柄ナリト雖之カ爲メ船舶ヲ損傷シタル時ハ越權ノ所爲トス其他出帆ノ禁令ヲ被リ或ハ港稅ヲ收納セス出港スル事若クハ密賣ニ關係シ航路ヲ變スル事或ハ船主ノ許諾ナク密賣ニ關係スル事ハ都テ越權ノ所爲ニシテ暴行詐欺ノ所爲ト同一視ス可シ何則以上ノ事項ハ船長タル義務ヲ欠ク而已ナラス故ラニ船主ノ禍ヲ惹起セハナリ抑越權ノ所爲ト看做ス可キモノハ船長自身ニ或ル利益ヲ得又ハ得ントシタル等ノ有無ヲ必要トセス彼ノ港稅ヲ拂ハス出帆スルカ又ハ船主ノ承諾ナク應禁物搭載ノ爲メ船舶沒收セラレタル時ノ如キモ亦越權ノ所爲ト爲シテ可ナルモノナリ
第二百七十七項　船長ハ職權ヲ以テ爲シタル契約ヲ破ラハ越權ノ所

爲アルモノト爲ス可キ歟

否、

第二百七十八項　傭船契約ヲ爲シタル荷主ノ所爲ハ越權ト爲ス可キ歟

否、

第二百七十九項　越權ノ所爲ハ保險證書ニ如何ナル影響アル歟

特別ノ保險契約アルニ非レハ全ク保險契約證書ヲ無効ト爲ス可キモノナリ

第二百八十項　越權ノ所爲ヨリ生スル損失ヲ保險スル時ハ現ニ越權ノ所爲並ニ其所爲ニ繼續シテ生シタル損失モ亦保險者ニ於テ負擔ス可キ責アル歟

若シ其損失保險契約證書ノ効力ヲ有スル航海中ニ起リタル時ハ勿論

其責アルモノトス

第二百八十一項　保險證書中ニ航路變更トアルハ如何ナル意味ヲ謂フ歟

航海中保險契約外ノ塲所ニ駛行スルヲ航路變更ト謂フ之ヲ換言セハ船舶ノ保險證書ニ定メタル航路及ヒ指定港外ニ航行シタル事ヲ指スナリ

第二百八十二項　航海變更ハ法律上如何ナル結果ヲ生スル歟

保險契約證書ヲ無効ト爲スナリ

第二百八十三項　船長ハ如何ナル塲合ニ於テ隨意ニ航路ヲ變更シ得ル歟

船舶貨物若クハ人命救助ノ爲メ停航シ又ハ一時航路ヲ變更シタルモ塲合ニ依リ航路變更ト看做サヽル事アリ故ニ此等ノ事ハ保險者ノ義

務ヲ免カラシム可キ航路變更ノ範圍內ノ事柄トセス

第二百八十四項　保險契約證書ニ航海ノ途中某港ニ立寄リ又ハ碇泊スルトノ語アラハ如何ナル効果ヲ有スル歟

航海ノ途中某港ニ立寄リ且碇泊スル事ヲ得可キ旨保險契約證書ニ記載アル時ハ其港ニ於テ保險者ハ航海ノ目的ニ違背セサル以上ハ荷卸ヲ爲シ商業ヲ爲ス事ヲ得然𪜈之カ爲メ漫然日子ヲ徒消シ又ハ航海ノ危難ヲ增スカ如キ處置ヲ爲ス可ラス

第二百八十五項　保險證書ニ荷卸港數ケ所記載アル時ハ船長ハ如何ナル順序ヲ以テ荷卸ヲ爲ス可キ歟

船長ハ保險證書ニ荷卸港ノ順序ヲ定メアラサル時ハ地形ノ順路ニ從ヒ立寄ル可キモノナリ

第二百八十六項　航海ノ變更ト船路ノ變更トハ如何ナル區別アル歟

航海ノ變更トハ船舶出帆前ニ其針路ヲ變スル事ヲ云ヒ航路ノ變更トハ出帆後途中ニ於テ既定ノ航路ヲ變スル事ヲ謂ナリ

第二百八十七項　保險證書ニ船積ヲ許サヽル貨物或ハ約束外ニ過分ノ貨物ヲ積込タル時ノ結果ハ如何

其結果ハ航路ヲ變更スルト均シク保險者ノ責任ヲ免カラシム可シ蓋シ其理由ハ危險ヲ增加スル所以ニ非スシテ被保險者カ全ク保險契約ノ範圍ヲ超ヘタル所爲ト看做セハナリ

若シ被保險者保險契約ニ違背セハ其契約ヲ無効ト爲スモ保險料ハ被保險者ニ戻スニ及ハサルナリ

航路變更ノ時間ノ長短其他距離ノ遠近ハ保險契約ノ効力ヲ失フニ毫モ關係ナシ故ニ航路ノ變更ハ止ヲ得サル事由ナクシテ隨意ニ之ヲ爲サハ此時保險者ノ保險シタル海上危難ノ責任ハ一變スルニ付其契約

ヲ無効ト爲サヽル可ラス又保險付ノ物品事故ナクシテ保險證書ニ定メタル船舶ヨリ之ヲ他船ニ積替ナハ直チニ航路變更ノ所爲ト看做ス可キモノトス

第二百八十八項　船舶一旦航路ヲ變シ再ヒ原航路ニ立戻リ依然進航中損失ヲ釀サハ如何

保險者ハ其損失ニ付責任ヲ有セサルモノナリ何則航路變更ノ所爲ハ契約ノ効力ヲシテ全滅セシムレハナリ

第二百八十九項　日限ノ猶豫ハ航路變更ト同一ノ効力アル歟

然而レ𪜈船舶ハ商法上ノ習慣ニ拘泥セス貨物積込ノ爲メ出帆ニ相當ノ猶豫ヲ與フルモ之カ爲メ保險者ノ義務ヲ免カラシムル事ヲ得ス

第二百九十項　船舶航海ヲ始メタル後船長又ハ船主ニ於テ任意ノ所爲或ハ此等ノ者ノ過失ヨリ途中ノ港ニ航海ヲ停止シタル時ハ海員ノ

給料ヲ幾許拂フ可キ歟
航海中ノ日子ヲ算シ給料ヲ拂フ可キモノナリ
第二百九十一項　難船ノ場合ニ於テ海員ハ給料ヲ得可キ權アル歟
海員ハ難船ノ場合ニ職務ヲ盡シ且多分ノ物件ヲ救助セハ給料ヲ得ル力又ハ救助賞金ノ方法ニ依リ給料ニ同額ナル償金ヲ得ルノ權アル事ハ數年前合衆國裁判所ノ判定スル所ニシテ今尚確定ノモノタリダンチツトヨリトムハゼンニ係ル訴訟ニ於テ船舶歸路ノ航海中危難ニ罹リ之ヲ委棄シタル後水夫ノ盡力ニ依リ貨物ノ一部分ヲ救助シタル事アリ此時裁判所ノ判例ニ船舶歸路ノ航海中ノ給料ハ海員ニ於テ得可ラストアルモ若シ海員ニ於テ救助賞金ノ性質ヲ有スル償金ヲ得ル爲メ救助シタル物件アルニ於テハ救助賞金ヲ得ル爲メ其物件ヲ差押ユル權利ヲ有ストアリ又大法官ケントヽ氏曰天災ノ爲メ貨物ノ船賃ヲ得

サル場合ハ給料モ亦得可カラス然𪜈海員カ難船ノ殘物ヲ救助シテ賞金ヲ求ル權利ハ給料ヲ求ムト云ハンヨリ寧ロ救助賞金ヲ求ム權利ト謂フ可キモノナリト

レビスヨリイリサベス及ヒジヤンノ二人ニ係ル訴訟ノ判例ニ於テ難船ノ殘物ハ海上法ニ據リ海員給料仕拂ノ抵當ト看做シ且海員ノ特權ハ都テ他ノ權利者ニ先タツ可キモノトアリ然𪜈若シ海員ニ於テ難船ノ殘物ヲ拋棄シタル時ハ海員ト船主トノ契約ハ自ラ消滅ス故ニ海員ハ船舶ニ對シ特權ヲ失ヒ且給料請求ノ權利ヲ失フモノトス而テ海員ノ權利ハ他人ニ於テ船舶及ヒ貨物ノ救助ヲ爲シタルニ依リ恢復スルモノニ非ス

「ダウン」ノ訴訟事件ノ裁判ニ海員ハ難船ノ時海上法ニ依リ船中ニ止リ貨物ヲ救助ス可キ義務アリテ其義務ヲ盡シタル時ハ全給料ヲ求ル權

利アルノミナラス救助物件ニ對シ賞金ヲ得ルノ權利ヲ有ス云々ト然圧其請求金ハ尋常救助者ノ如ク巨額ノモノニ非ス事件ノ撲檪ト盡力ノ多少トニ依リ相當ノ賞金ヲ得可キモノニシテ假令外國港ニ於テ起リタル時ト雖其額ヲ增減ス可キモノニ非ルナリ

米國海上法要畧終

正誤

頁數	行數	誤	正
十四	六	抵當ナシタル	當ノ下トヲ脱ス
十七	三	可キ實アル事ノア字ノ下一字欠アルハアルト連續スル誤ナリ	
二十七	九	三百五十九項	二百五十九項
四十六	五	賠償センムル	賠償セシムル
六十九	四	領事費	領事ノ立換金
七十四	七	以下ナリトセ若シ	以下ナリトセンニ若シ
八十六	五	確證アルモ	確證アルヤ
同	八	矛看	矛盾
九十九	一	成ラナル	成ラサル
百	七	權越	越權
百二十九	十二	賠償スキモ	賠償スベキモノ
百三十六	六	不滿ヲ戴キ	不滿ヲ懷キ

明治十六年九月十五日版權免許
仝　十八年二月　出版

定價金九拾五錢

譯者兼出版人　千葉縣士族
秋山源造
長崎縣引地町卅二番地寄留

仝　大坂府士族
北畠秀雄
東京麴町區飯田町壹丁目三番地

發兌書林
博聞本社
仝京橋區銀座四丁目
丸善書店
仝日本橋區通三丁目
叢書閣
仝京橋區南傳馬町壹丁目
鹿田靜七
大坂東區安土町四丁目

東京賣捌書林

日本橋區西河岸町　須原鐵二
神田區表神保町　中西屋邦太
南傳馬町二丁目　辻本支店

諸國賣捌所

大坂心齋橋南一丁目　松村九兵衛
同南久寶寺町四丁目　前川善兵衛
同北久太郎町四丁目　柳原喜兵衛
同本町四丁目　岡島眞七
同備後町四丁目　吉岡平助
京都三條寺町　杉本甚助
同寺町四條上ル　田中治兵衛
尾州名古屋本町通リ　片野東四郎
濃州大垣岐阜町　岡安慶助
備前岡山中ノ町　森禎藏
伊豫松山港町三丁目　土肥與平
同　向井藏次郎
阿州德島　世渡屋文藏
淡州洲本々町五丁目　福浦文藏
神戶　船井政太郎
藝州廣島大手通一丁目　早速社
防州山口中市町　宮川巨吉
長崎　鶴野常藏

靜岡	本屋市三
沼津	本屋浦吉
掛川	山內彥十
飛州高山	升屋重兵衛
甲府	內藤傳右衛門
水海道	江戶屋爲吉
山王	仝　喜平
八日市場	仝　小吉
古河	青木國次郎
千葉	藤屋錠次郎
酒結村	增山平八
多古	土屋勘兵衛
野田	梅屋林三
堺	高木直次郎
松本	糸屋清助
眞岡	塚田貞三
仙臺	菅原屋安兵衛
石ノ巻	三陸屋利兵衛
會津	田中善平
平	清水甚太郎
山形	荒井太四郎
高田	高野松四郎
三條	樋口小右衛門
長岡	上田屋治八
本庄	諸井巴
熊谷	松枝悅三郎
鴻ノ巣	長島爲一郎
東金	多田嘉左衛門
水戶上市	川又銀三
小田原	米屋忠兵衛
松江	園山喜三左衛門
會澤	近藤屋太平

米國海上法要略　全　　　日本立法資料全集　別巻 1196

平成30年 7 月20日　　復刻版第 1 刷発行

著　者　ジ　ク　ゾ　ン

訳　者　秋　山　源　蔵
　　　　北　畠　秀　雄

発行者　今　井　　　貴
　　　　渡　辺　左　近

発行所　信　山　社　出　版

〒113-0033　東京都文京区本郷 6 - 2 - 9 -102
モンテベルデ第 2 東大正門前
電　話　03（3818）1019
F A X　03（3818）0344
郵便振替　00140-2-367777（信山社販売）

Printed in Japan.

制作／（株）信山社，印刷・製本／松澤印刷・日進堂

ISBN 978-4-7972-7311-3 C3332

巻数	書　名	編・著者	ISBN	本体価格
950	実地応用町村制質疑録	野田藤吉郎、國吉拓郎	ISBN978-4-7972-6656-6	22,000円
951	市町村議員必携	川瀬周次、田中迪三	ISBN978-4-7972-6657-3	40,000円
952	増補 町村制執務備考 全	増澤鐵、飯島篤雄	ISBN978-4-7972-6658-0	46,000円
953	郡区町村編制法 府県会規則 地方税規則 三法綱論	小笠原美治	ISBN978-4-7972-6659-7	28,000円
954	郡区町村編制 府県会規則 地方税規則 新法例纂 追加地方諸要則	柳澤武運三	ISBN978-4-7972-6660-3	21,000円
955	地方革新講話	西内天行	ISBN978-4-7972-6921-5	40,000円
956	市町村名辞典	杉野耕三郎	ISBN978-4-7972-6922-2	38,000円
957	市町村吏員提要〔第三版〕	田邊好一	ISBN978-4-7972-6923-9	60,000円
958	帝国市町村便覧	大西林五郎	ISBN978-4-7972-6924-6	57,000円
959	最近検定 市町村名鑑 附 官国幣社 及 諸学校所在地一覧	藤澤衛彦、伊東順彦、増田穆、関惣右衛門	ISBN978-4-7972-6925-3	64,000円
960	鼇頭対照 市町村制解釈 附 理由書 及 参考諸布達	伊藤寿	ISBN978-4-7972-6926-0	40,000円
961	市町村制釈義 完　附 市町村制理由	水越成章	ISBN978-4-7972-6927-7	36,000円
962	府県郡市町村 模範治績　附 耕地整理法 産業組合法 附属法令	荻野千之助	ISBN978-4-7972-6928-4	74,000円
963	市町村大字読方名彙〔大正十四年度版〕	小川琢治	ISBN978-4-7972-6929-1	60,000円
964	町村会議員選挙要覧	津田東璋	ISBN978-4-7972-6930-7	34,000円
965	市制町村制 及 府県制　附 普通選挙法	法律研究会	ISBN978-4-7972-6931-4	30,000円
966	市制町村制註釈 完　附 市制町村制理由〔明治21年初版〕	角田真平、山田正賢	ISBN978-4-7972-6932-1	46,000円
967	市町村制詳解 全　附 市町村制理由	元田肇、加藤政之助、日鼻豊作	ISBN978-4-7972-6933-8	47,000円
968	区町村会議要覧 全	阪田辨之助	ISBN978-4-7972-6934-5	28,000円
969	実用 町村制市制事務提要	河邨貞山、島村文耕	ISBN978-4-7972-6935-2	46,000円
970	新旧対照 市制町村制正文〔第三版〕	自治館編輯局	ISBN978-4-7972-6936-9	28,000円
971	細密調査 市町村便覧(三府四十三県 北海道 樺太 台湾 朝鮮 関東州)　附 分類官公衙公私学校銀行所在地一覧表	白山榮一郎、森田公美	ISBN978-4-7972-6937-6	88,000円
972	正文 市制町村制 並 附属法規	法曹閣	ISBN978-4-7972-6938-3	21,000円
973	台湾朝鮮関東州 全国市町村便覧 各学校所在地〔第一分冊〕	長谷川好太郎	ISBN978-4-7972-6939-0	58,000円
974	台湾朝鮮関東州 全国市町村便覧 各学校所在地〔第二分冊〕	長谷川好太郎	ISBN978-4-7972-6940-6	58,000円
975	合巻 佛蘭西邑法・和蘭邑法・皇国郡区町村編成法	箕作麟祥、大井憲太郎、神田孝平	ISBN978-4-7972-6941-3	28,000円
976	自治之模範	江木翼	ISBN978-4-7972-6942-0	60,000円
977	地方制度実例総覧〔明治36年初版〕	金田謙	ISBN978-4-7972-6943-7	48,000円
978	市町村民 自治読本	武藤榮治郎	ISBN978-4-7972-6944-4	22,000円
979	町村制詳解　附 市制及町村制理由	相澤富蔵	ISBN978-4-7972-6945-1	28,000円
980	改正 市町村制 並 附属法規	楠綾雄	ISBN978-4-7972-6946-8	28,000円
981	改正 市制 及 町村制〔訂正10版〕	山野金蔵	ISBN978-4-7972-6947-5	28,000円

別巻　巻数順一覧【915 ～ 949 巻】

巻数	書　名	編・著者	ISBN	本体価格
915	改正 新旧対照市町村一覧	鍾美堂	ISBN978-4-7972-6621-4	78,000 円
916	東京市会先例彙輯	後藤新平、桐島像一、八田五三	ISBN978-4-7972-6622-1	65,000 円
917	改正 地方制度解説〔第六版〕	狭間茂	ISBN978-4-7972-6623-8	67,000 円
918	改正 地方制度通義	荒川五郎	ISBN978-4-7972-6624-5	75,000 円
919	町村制市制全書 完	中嶋廣蔵	ISBN978-4-7972-6625-2	80,000 円
920	自治新制 市町村会法要談 全	田中重策	ISBN978-4-7972-6626-9	22,000 円
921	郡市町村吏員 収税実務要書	荻野千之助	ISBN978-4-7972-6627-6	21,000 円
922	町村至宝	桂虎次郎	ISBN978-4-7972-6628-3	36,000 円
923	地方制度通 全	上山満之進	ISBN978-4-7972-6629-0	60,000 円
924	帝国議会府県会郡会市町村会議員必携 附関係法規 第1分冊	太田峯三郎、林田亀太郎、小原新三	ISBN978-4-7972-6630-6	46,000 円
925	帝国議会府県会郡会市町村会議員必携 附関係法規 第2分冊	太田峯三郎、林田亀太郎、小原新三	ISBN978-4-7972-6631-3	62,000 円
926	市町村是	野田千太郎	ISBN978-4-7972-6632-0	21,000 円
927	市町村執務要覧 全 第1分冊	大成館編輯局	ISBN978-4-7972-6633-7	60,000 円
928	市町村執務要覧 全 第2分冊	大成館編輯局	ISBN978-4-7972-6634-4	58,000 円
929	府県会規則大全　附 裁定録	朝倉達三、若林友之	ISBN978-4-7972-6635-1	28,000 円
930	地方自治の手引	前田宇治郎	ISBN978-4-7972-6636-8	28,000 円
931	改正 市制町村制と衆議院議員選挙法	服部喜太郎	ISBN978-4-7972-6637-5	28,000 円
932	市町村国税事務取扱手続	広島財務研究会	ISBN978-4-7972-6638-2	34,000 円
933	地方自治制要義 全	末松偕一郎	ISBN978-4-7972-6639-9	57,000 円
934	市町村特別税之栞	三邊長治、水谷平吉	ISBN978-4-7972-6640-5	24,000 円
935	英国地方制度 及 税法	良保両氏、水野遵	ISBN978-4-7972-6641-2	34,000 円
936	英国地方制度 及 税法	髙橋達	ISBN978-4-7972-6642-9	20,000 円
937	日本法典全書 第一編 府県制郡制註釈	上條慎蔵、坪谷善四郎	ISBN978-4-7972-6643-6	58,000 円
938	判例挿入 自治法規全集 全	池田繁太郎	ISBN978-4-7972-6644-3	82,000 円
939	比較研究 自治之精髄	水野錬太郎	ISBN978-4-7972-6645-0	22,000 円
940	傍訓註釈 市制町村制 並ニ 理由書〔第三版〕	筒井時治	ISBN978-4-7972-6646-7	46,000 円
941	以呂波引町村便覧	田山宗堯	ISBN978-4-7972-6647-4	37,000 円
942	町村制執務要録 全	鷹巣清二郎	ISBN978-4-7972-6648-1	46,000 円
943	地方自治 及 振興策	床次竹二郎	ISBN978-4-7972-6649-8	30,000 円
944	地方自治講話	田中四郎左衛門	ISBN978-4-7972-6650-4	36,000 円
945	地方施設改良 訓諭演説集〔第六版〕	鹽川玉江	ISBN978-4-7972-6651-1	40,000 円
946	帝国地方自治団体発達史〔第三版〕	佐藤亀齡	ISBN978-4-7972-6652-8	48,000 円
947	農村自治	小橋一太	ISBN978-4-7972-6653-5	34,000 円
948	国税 地方税 市町村税 滞納処分法問答	竹尾高堅	ISBN978-4-7972-6654-2	28,000 円
949	市町村役場実用 完	福井淳	ISBN978-4-7972-6655-9	40,000 円

別巻　巻数順一覧【878 ～ 914 巻】

巻数	書　名	編・著者	ISBN	本体価格
878	明治史第六編 政黨史	博文館編輯局	ISBN978-4-7972-7180-5	42,000 円
879	日本政黨發達史 全〔第一分冊〕	上野熊藏	ISBN978-4-7972-7181-2	50,000 円
880	日本政黨發達史 全〔第二分冊〕	上野熊藏	ISBN978-4-7972-7182-9	50,000 円
881	政党論	梶原保人	ISBN978-4-7972-7184-3	30,000 円
882	獨逸新民法商法正文	古川五郎、山口弘一	ISBN978-4-7972-7185-0	90,000 円
883	日本民法鼇頭對比獨逸民法	荒波正隆	ISBN978-4-7972-7186-7	40,000 円
884	泰西立憲國政治攬要	荒井泰治	ISBN978-4-7972-7187-4	30,000 円
885	改正衆議院議員選擧法釋義 全	福岡伯、横田左仲	ISBN978-4-7972-7188-1	42,000 円
886	改正衆議院議員選擧法釋義 附 改正貴族院令,治安維持法	犀川長作、犀川久平	ISBN978-4-7972-7189-8	33,000 円
887	公民必携 選擧法規ト判決例	大浦兼武、平沼騏一郎、木下友三郎、清水澄、三浦數平	ISBN978-4-7972-7190-4	96,000 円
888	衆議院議員選擧法輯覽	司法省刑事局	ISBN978-4-7972-7191-1	53,000 円
889	行政司法選擧判例總覽—行政救濟と其手續—	澤田竹治郎・川崎秀男	ISBN978-4-7972-7192-8	72,000 円
890	日本親族相續法義解 全	髙橋捨六・堀田馬三	ISBN978-4-7972-7193-5	45,000 円
891	普通選擧文書集成	山中秀男・岩本溫良	ISBN978-4-7972-7194-2	85,000 円
892	普選の勝者 代議士月旦	大石末吉	ISBN978-4-7972-7195-9	60,000 円
893	刑法註釋 卷一～卷四(上卷)	村田保	ISBN978-4-7972-7196-6	58,000 円
894	刑法註釋 卷五～卷八(下卷)	村田保	ISBN978-4-7972-7197-3	50,000 円
895	治罪法註釋 卷一～卷四(上卷)	村田保	ISBN978-4-7972-7198-0	50,000 円
896	治罪法註釋 卷五～卷八(下卷)	村田保	ISBN978-4-7972-7198-0	50,000 円
897	議會選擧法	カール・ブラウニアス、國政研究科會	ISBN978-4-7972-7201-7	42,000 円
901	鼇頭註釈 町村制　附 理由 全	八乙女盛次、片野続	ISBN978-4-7972-6607-8	28,000 円
902	改正 市制町村制　附 改正要義	田山宗堯	ISBN978-4-7972-6608-5	28,000 円
903	増補訂正 町村制詳解〔第十五版〕	長峰安三郎、三浦通太、野田千太郎	ISBN978-4-7972-6609-2	52,000 円
904	市制町村制 並 理由書　附 直接間接税類別及実施手続	高崎修助	ISBN978-4-7972-6610-8	20,000 円
905	町村制要義	河野正義	ISBN978-4-7972-6611-5	28,000 円
906	改正 市制町村制義解〔帝國地方行政学会〕	川村芳次	ISBN978-4-7972-6612-2	60,000 円
907	市制町村制 及 関係法令〔第三版〕	野田千太郎	ISBN978-4-7972-6613-9	35,000 円
908	市町村新旧対照一覧	中村芳松	ISBN978-4-7972-6614-6	38,000 円
909	改正 府県郡制問答講義	木内英雄	ISBN978-4-7972-6615-3	28,000 円
910	地方自治提要 全　附 諸届願書式 日用規則抄録	木村時義、吉武則久	ISBN978-4-7972-6616-0	56,000 円
911	訂正増補 市町村制問答詳解　附 理由及追輯	福井淳	ISBN978-4-7972-6617-7	70,000 円
912	改正 府県制郡制註釈〔第三版〕	福井淳	ISBN978-4-7972-6618-4	34,000 円
913	地方制度実例総覧〔第七版〕	自治館編輯局	ISBN978-4-7972-6619-1	78,000 円
914	英国地方政治論	ジョージ・チャールズ・ブロドリック、久米金彌	ISBN978-4-7972-6620-7	30,000 円

別巻　巻数順一覧【843 ～ 877 巻】

巻数	書　名	編・著者	ISBN	本体価格
843	法律汎論	熊谷直太	ISBN978-4-7972-7141-6	40,000 円
844	英國國會選擧訴願判決例 全	オマリー、ハードカッスル、サンタース	ISBN978-4-7972-7142-3	80,000 円
845	衆議院議員選擧法改正理由書 完	内務省	ISBN978-4-7972-7143-0	40,000 円
846	戇齋法律論文集	森作太郎	ISBN978-4-7972-7144-7	45,000 円
847	雨山遺稟	渡邉輝之助	ISBN978-4-7972-7145-4	70,000 円
848	法曹紙屑籠	鷺城逸史	ISBN978-4-7972-7146-1	54,000 円
849	法例彙纂 民法之部 第一篇	史官	ISBN978-4-7972-7147-8	66,000 円
850	法例彙纂 民法之部 第二篇〔第一分冊〕	史官	ISBN978-4-7972-7148-5	55,000 円
851	法例彙纂 民法之部 第二篇〔第二分冊〕	史官	ISBN978-4-7972-7149-2	75,000 円
852	法例彙纂 商法之部〔第一分冊〕	史官	ISBN978-4-7972-7150-8	70,000 円
853	法例彙纂 商法之部〔第二分冊〕	史官	ISBN978-4-7972-7151-5	75,000 円
854	法例彙纂 訴訟法之部〔第一分冊〕	史官	ISBN978-4-7972-7152-2	60,000 円
855	法例彙纂 訴訟法之部〔第二分冊〕	史官	ISBN978-4-7972-7153-9	48,000 円
856	法例彙纂 懲罰則之部	史官	ISBN978-4-7972-7154-6	58,000 円
857	法例彙纂 第二版 民法之部〔第一分冊〕	史官	ISBN978-4-7972-7155-3	70,000 円
858	法例彙纂 第二版 民法之部〔第二分冊〕	史官	ISBN978-4-7972-7156-0	70,000 円
859	法例彙纂 第二版 商法之部・訴訟法之部〔第一分冊〕	太政官記録掛	ISBN978-4-7972-7157-7	72,000 円
860	法例彙纂 第二版 商法之部・訴訟法之部〔第二分冊〕	太政官記録掛	ISBN978-4-7972-7158-4	40,000 円
861	法令彙纂 第三版 民法之部〔第一分冊〕	太政官記録掛	ISBN978-4-7972-7159-1	54,000 円
862	法令彙纂 第三版 民法之部〔第二分冊〕	太政官記録掛	ISBN978-4-7972-7160-7	54,000 円
863	現行法律規則全書（上）	小笠原美治、井田鐘次郎	ISBN978-4-7972-7162-1	50,000 円
864	現行法律規則全書（下）	小笠原美治、井田鐘次郎	ISBN978-4-7972-7163-8	53,000 円
865	國民法制通論 上卷・下卷	仁保龜松	ISBN978-4-7972-7165-2	56,000 円
866	刑法註釋	磯部四郎、小笠原美治	ISBN978-4-7972-7166-9	85,000 円
867	治罪法註釋	磯部四郎、小笠原美治	ISBN978-4-7972-7167-6	70,000 円
868	政法哲學 前編	ハーバート・スペンサー、濱野定四郎、渡邊治	ISBN978-4-7972-7168-3	45,000 円
869	政法哲學 後編	ハーバート・スペンサー、濱野定四郎、渡邊治	ISBN978-4-7972-7169-0	45,000 円
870	佛國商法復説 第壹篇自第壹卷至第七卷	リウヒエール、商法編纂局	ISBN978-4-7972-7171-3	75,000 円
871	佛國商法復説 第壹篇第八卷	リウヒエール、商法編纂局	ISBN978-4-7972-7172-0	45,000 円
872	佛國商法復説 自第二篇至第四篇	リウヒエール、商法編纂局	ISBN978-4-7972-7173-7	70,000 円
873	佛國商法復説 書式之部	リウヒエール、商法編纂局	ISBN978-4-7972-7174-4	40,000 円
874	代言試驗問題擬判録 全 附録明治法律學校民刑問題及答案	熊野敏三、宮城浩蔵 河野和三郎、岡義男	ISBN978-4-7972-7176-8	35,000 円
875	各國官吏試驗法類集 上・下	内閣	ISBN978-4-7972-7177-5	54,000 円
876	商業規篇	矢野亨	ISBN978-4-7972-7178-2	53,000 円
877	民法実用法典 全	福田一覺	ISBN978-4-7972-7179-9	45,000 円

別巻　巻数順一覧【810～842巻】

巻数	書　名	編・著者	ISBN	本体価格
810	訓點法國律例 民律 上卷	鄭永寧	ISBN978-4-7972-7105-8	50,000円
811	訓點法國律例 民律 中卷	鄭永寧	ISBN978-4-7972-7106-5	50,000円
812	訓點法國律例 民律 下卷	鄭永寧	ISBN978-4-7972-7107-2	60,000円
813	訓點法國律例 民律指掌	鄭永寧	ISBN978-4-7972-7108-9	58,000円
814	訓點法國律例 貿易定律・園林則律	鄭永寧	ISBN978-4-7972-7109-6	60,000円
815	民事訴訟法 完	本多康直	ISBN978-4-7972-7111-9	65,000円
816	物権法(第一部)完	西川一男	ISBN978-4-7972-7112-6	45,000円
817	物権法(第二部)完	馬場愿治	ISBN978-4-7972-7113-3	35,000円
818	商法五十課 全	アーサー・B・クラーク、本多孫四郎	ISBN978-4-7972-7115-7	38,000円
819	英米商法律原論 契約之部及流通券之部	岡山兼吉、淺井勝	ISBN978-4-7972-7116-4	38,000円
820	英國組合法 完	サー・フレデリック・ポロック、榊原幾久若	ISBN978-4-7972-7117-1	30,000円
821	自治論 一名人民ノ自由 卷之上・卷之下	リーバー、林董	ISBN978-4-7972-7118-8	55,000円
822	自治論纂 全一册	獨逸學協會	ISBN978-4-7972-7119-5	50,000円
823	憲法彙纂	古屋宗作、鹿島秀麿	ISBN978-4-7972-7120-1	35,000円
824	國會汎論	ブルンチュリー、石津可輔、讃井逸三	ISBN978-4-7972-7121-8	30,000円
825	威氏法學通論	エスクバック、渡邊輝之助、神山亨太郎	ISBN978-4-7972-7122-5	35,000円
826	萬國憲法 全	高田早苗、坪谷善四郎	ISBN978-4-7972-7123-2	50,000円
827	綱目代議政體	J・S・ミル、上田充	ISBN978-4-7972-7124-9	40,000円
828	法學通論	山田喜之助	ISBN978-4-7972-7125-6	30,000円
829	法學通論 完	島田俊雄、溝上與三郎	ISBN978-4-7972-7126-3	35,000円
830	自由之權利 一名自由之理 全	J・S・ミル、高橋正次郎	ISBN978-4-7972-7127-0	38,000円
831	歐洲代議政體起原史 第一册・第二册／代議政體原論 完	ギゾー、漆間眞學、藤田四郎、アンドリー、山口松五郎	ISBN978-4-7972-7128-7	100,000円
832	代議政體 全	J・S・ミル、前橋孝義	ISBN978-4-7972-7129-4	55,000円
833	民約論	J・J・ルソー、田中弘義、服部德	ISBN978-4-7972-7130-0	40,000円
834	歐米政黨沿革史總論	藤田四郎	ISBN978-4-7972-7131-7	30,000円
835	内外政黨事情・日本政黨事情 完	中村義三、大久保常吉	ISBN978-4-7972-7132-4	35,000円
836	議會及政黨論	菊池學而	ISBN978-4-7972-7133-1	35,000円
837	各國之政黨 全〔第1分册〕	外務省政務局	ISBN978-4-7972-7134-8	70,000円
838	各國之政黨 全〔第2分册〕	外務省政務局	ISBN978-4-7972-7135-5	60,000円
839	大日本政黨史 全	若林清、尾崎行雄、箕浦勝人、加藤恒忠	ISBN978-4-7972-7137-9	63,000円
840	民約論	ルソー、藤田浪人	ISBN978-4-7972-7138-6	30,000円
841	人權宣告辯妄・政治眞論一名主權辯妄	ベンサム、草野宣隆、藤田四郎	ISBN978-4-7972-7139-3	40,000円
842	法制講義 全	赤司鷹一郎	ISBN978-4-7972-7140-9	30,000円

別巻　巻数順一覧【776 ～ 809 巻】

巻数	書　名	編・著者	ISBN	本体価格
776	改正 府県制郡制釈義〔第三版〕	坪谷善四郎	ISBN978-4-7972-6602-3	35,000 円
777	新旧対照 市制町村制 及 理由〔第九版〕	荒川五郎	ISBN978-4-7972-6603-0	28,000 円
778	改正 市町村制講義	法典研究会	ISBN978-4-7972-6604-7	38,000 円
779	改正 市制町村制講義 附 施行諸規則 及 市町村事務摘要	樋山廣業	ISBN978-4-7972-6605-4	58,000 円
780	改正 市制町村制義解	行政法研究会、藤田謙堂	ISBN978-4-7972-6606-1	60,000 円
781	今時獨逸帝國要典 前篇	C・モレイン、今村有隣	ISBN978-4-7972-6425-8	45,000 円
782	各國上院紀要	元老院	ISBN978-4-7972-6426-5	35,000 円
783	泰西國法論	シモン・ヒッセリング、津田真一郎	ISBN978-4-7972-6427-2	40,000 円
784	律例權衡便覽 自第一冊至第五冊	村田保	ISBN978-4-7972-6428-9	100,000 円
785	檢察事務要件彙纂	平松照忠	ISBN978-4-7972-6429-6	45,000 円
786	治罪法比鑑 完	福鎌芳隆	ISBN978-4-7972-6430-2	65,000 円
787	治罪法註解	立野胤政	ISBN978-4-7972-6431-9	56,000 円
788	佛國民法契約篇講義 全	玉乃世履、磯部四郎	ISBN978-4-7972-6432-6	40,000 円
789	民法疏義 物權之部	鶴丈一郎、手塚太郎	ISBN978-4-7972-6433-3	90,000 円
790	民法疏義 人權之部	鶴丈一郎	ISBN978-4-7972-6434-0	100,000 円
791	民法疏義 取得篇	鶴丈一郎	ISBN978-4-7972-6435-7	80,000 円
792	民法疏義 擔保篇	鶴丈一郎	ISBN978-4-7972-6436-4	90,000 円
793	民法疏義 證據篇	鶴丈一郎	ISBN978-4-7972-6437-1	50,000 円
794	法學通論	奥田義人	ISBN978-4-7972-6439-5	100,000 円
795	法律ト宗教トノ關係	名尾玄乗	ISBN978-4-7972-6440-1	55,000 円
796	英國國會政治	アルフユース・トッド、スペンサー・ヲルポール、林田龜太郎、岸清一	ISBN978-4-7972-6441-8	65,000 円
797	比較國會論	齊藤隆夫	ISBN978-4-7972-6442-5	30,000 円
798	改正衆議院議員選擧法論	島田俊雄	ISBN978-4-7972-6443-2	30,000 円
799	改正衆議院議員選擧法釋義	林田龜太郎	ISBN978-4-7972-6444-9	50,000 円
800	改正衆議院議員選擧法正解	武田貞之助、井上密	ISBN978-4-7972-6445-6	30,000 円
801	佛國法律提要 全	箕作麟祥、大井憲太郎	ISBN978-4-7972-6446-3	100,000 円
802	佛國政典	ドラクルチー、大井憲太郎、箕作麟祥	ISBN978-4-7972-6447-0	120,000 円
803	社會行政法論 全	H・リョースレル、江木衷	ISBN978-4-7972-6448-7	100,000 円
804	英國財産法講義	三宅恒徳	ISBN978-4-7972-6449-4	60,000 円
805	國家論 全	ブルンチュリー、平田東助、平塚定二郎	ISBN978-4-7972-7100-3	50,000 円
806	日本議會現法 完	増尾種時	ISBN978-4-7972-7101-0	45,000 円
807	法學通論 一名法學初歩 全	P・ナミュール、河地金代、河村善益、薩埵正邦	ISBN978-4-7972-7102-7	53,000 円
808	訓點法國律例 刑名定範 卷一卷二 完	鄭永寧	ISBN978-4-7972-7103-4	40,000 円
809	訓點法國律例 刑律從卷 一至卷四 完	鄭永寧	ISBN978-4-7972-7104-1	30,000 円

別巻　巻数順一覧【741 ～ 775 巻】

巻数	書　名	編・著者	ISBN	本体価格
741	改正 市町村制詳解	相馬昌三、菊池武夫	ISBN978-4-7972-6491-3	38,000 円
742	註釈の市制と町村制　附 普通選挙法	法律研究会	ISBN978-4-7972-6492-0	60,000 円
743	新旧対照 市制町村制 並 附属法規〔改訂二十七版〕	良書普及会	ISBN978-4-7972-6493-7	36,000 円
744	改訂増補 市制町村制実例総覧 第１分冊	田中廣太郎、良書普及会	ISBN978-4-7972-6494-4	60,000 円
745	改訂増補 市制町村制実例総覧 第２分冊	田中廣太郎、良書普及会	ISBN978-4-7972-6495-1	68,000 円
746	実例判例 市制町村制釈義〔昭和十年改正版〕	梶康郎	ISBN978-4-7972-6496-8	57,000 円
747	市制町村制義解　附 理由〔第五版〕	櫻井一久	ISBN978-4-7972-6497-5	47,000 円
748	実地応用町村制問答〔第二版〕	市町村雑誌社	ISBN978-4-7972-6498-2	46,000 円
749	傍訓註釈 日本市制町村制 及 理由書	柳澤武運三	ISBN978-4-7972-6575-0	28,000 円
750	鼇頭註釈 市町村制俗解　附 理由書〔増補第五版〕	清水亮三	ISBN978-4-7972-6576-7	28,000 円
751	市町村制質問録	片貝正晉	ISBN978-4-7972-6577-4	28,000 円
752	実用詳解町村制 全	夏目洗藏	ISBN978-4-7972-6578-1	28,000 円
753	新旧対照 改正 市制町村制新釈　附 施行細則及執務條規	佐藤貞雄	ISBN978-4-7972-6579-8	42,000 円
754	市制町村制講義	樋山廣業	ISBN978-4-7972-6580-4	46,000 円
755	改正 市制町村制講義〔第十版〕	秋野沆	ISBN978-4-7972-6581-1	42,000 円
756	註釈の市制と町村制 市制町村制施行令他関連法収録〔昭和4年4月版〕	法律研究会	ISBN978-4-7972-6582-8	58,000 円
757	実例判例 市制町村制釈義〔第四版〕	梶康郎	ISBN978-4-7972-6583-5	48,000 円
758	改正 市制町村制解説	狭間茂、土谷覺太郎	ISBN978-4-7972-6584-2	59,000 円
759	市町村制註解 完	若林市太郎	ISBN978-4-7972-6585-9	22,000 円
760	町村制実用 完	新田貞橘、鶴田嘉内	ISBN978-4-7972-6586-6	56,000 円
761	町村制精解 完　附 理由 及 問答録	中目孝太郎、磯谷郡爾、高田早苗、両角彦六、高木守三郎	ISBN978-4-7972-6587-3	35,000 円
762	改正 町村制詳解〔第十三版〕	長峰安三郎、三浦通太、野田千太郎	ISBN978-4-7972-6588-0	54,000 円
763	加除自在 参照条文　附 市制町村制　附 関係法規	矢島和三郎	ISBN978-4-7972-6589-7	60,000 円
764	改正版 市制町村制並ニ府県制及ビ重要関係法令	法制堂出版	ISBN978-4-7972-6590-3	39,000 円
765	改正版 註釈の市制と町村制 最近の改正を含む	法制堂出版	ISBN978-4-7972-6591-0	58,000 円
766	鼇頭註釈 市町村制俗解　附 理由書〔第二版〕	清水亮三	ISBN978-4-7972-6592-7	25,000 円
767	理由挿入 市町村制俗解〔第三版増補訂正〕	上村秀昇	ISBN978-4-7972-6593-4	28,000 円
768	府県制郡制註釈	田島彦四郎	ISBN978-4-7972-6594-1	40,000 円
769	市制町村制傍訓 完　附 市制町村制理由〔第四版〕	内山正如	ISBN978-4-7972-6595-8	18,000 円
770	市制町村制釈義	壁谷可六、上野太一郎	ISBN978-4-7972-6596-5	38,000 円
771	市制町村制詳解 全　附 理由書	杉谷庸	ISBN978-4-7972-6597-2	21,000 円
772	鼇頭傍訓 市制町村制註釈 及 理由書	山内正利	ISBN978-4-7972-6598-9	28,000 円
773	町村制要覧 全	浅井元、古谷省三郎	ISBN978-4-7972-6599-6	38,000 円
774	府県制郡制釈義 全〔第三版〕	栗本勇之助、森惣之祐	ISBN978-4-7972-6600-9	35,000 円
775	市制町村制釈義	坪谷善四郎	ISBN978-4-7972-6601-6	39,000 円